思想的・睿智的・獨見的

經典名著文庫

學術評議

丘為君　吳惠林　宋鎮照　林玉体　邱燮友
洪漢鼎　孫效智　秦夢群　高明士　高宣揚
張光宇　張炳陽　陳秀蓉　陳思賢　陳清秀
陳鼓應　曾永義　黃光國　黃光雄　黃昆輝
黃政傑　楊維哲　葉海煙　葉國良　廖達琪
劉滄龍　黎建球　盧美貴　薛化元　謝宗林
簡成熙　顏厥安（以姓氏筆畫排序）

策劃　楊榮川

五南圖書出版公司 印行

經典名著文庫

學術評議者簡介（依姓氏筆畫排序）

- 丘為君　美國俄亥俄州立大學歷史研究所博士
- 吳惠林　美國芝加哥大學經濟系訪問研究、臺灣大學經濟系博士
- 宋鎮照　美國佛羅里達大學社會學博士
- 林玉体　美國愛荷華大學哲學博士
- 邱燮友　國立臺灣師範大學國文研究所文學碩士
- 洪漢鼎　德國杜塞爾多夫大學榮譽博士
- 孫效智　德國慕尼黑哲學院哲學博士
- 秦夢群　美國麥迪遜威斯康辛大學博士
- 高明士　日本東京大學歷史學博士
- 高宣揚　巴黎第一大學哲學系博士
- 張光宇　美國加州大學柏克萊校區語言學博士
- 張炳陽　國立臺灣大學哲學研究所博士
- 陳秀蓉　國立臺灣大學理學院心理學研究所臨床心理學組博士
- 陳思賢　美國約翰霍普金斯大學政治學博士
- 陳清秀　美國喬治城大學訪問研究、臺灣大學法學博士
- 陳鼓應　國立臺灣大學哲學研究所
- 曾永義　國家文學博士、中央研究院院士
- 黃光國　美國夏威夷大學社會心理學博士
- 黃光雄　國家教育學博士
- 黃昆輝　美國北科羅拉多州立大學博士
- 黃政傑　美國麥迪遜威斯康辛大學博士
- 楊維哲　美國普林斯頓大學數學博士
- 葉海煙　私立輔仁大學哲學研究所博士
- 葉國良　國立臺灣大學中文所博士
- 廖達琪　美國密西根大學政治學博士
- 劉滄龍　德國柏林洪堡大學哲學博士
- 黎建球　私立輔仁大學哲學研究所博士
- 盧美貴　國立臺灣師範大學教育學博士
- 薛化元　國立臺灣大學歷史學系博士
- 謝宗林　美國聖路易華盛頓大學經濟研究所博士候選人
- 簡成熙　國立高雄師範大學教育研究所博士
- 顏厥安　德國慕尼黑大學法學博士

經典名著文庫090

論人類不平等的起源和基礎

Discours sur l'origine et les fondements de l'inégalité parmi les hommes

讓－雅克・盧梭（Jean-Jacques Rousseau）著
張露 譯

經典永恆・名著常在

五十週年的獻禮・「經典名著文庫」出版緣起

總策劃 楊榮川

五南，五十年了。半個世紀，人生旅程的一大半，我們走過來了。不敢說有多大成就，至少沒有凋零。

五南忝爲學術出版的一員，在大專教材、學術專著、知識讀本出版已逾壹萬參仟種之後，面對著當今圖書界媚俗的追逐、淺碟化的內容以及碎片化的資訊圖景當中，我們思索著：邁向百年的未來歷程裡，我們能爲知識界、文化學術界做些什麼？在速食文化的生態下，有什麼值得讓人雋永品味的？

歷代經典・當今名著，經過時間的洗禮，千錘百鍊，流傳至今，光芒耀人；不僅使我們能領悟前人的智慧，同時也增深加廣我們思考的深度與視野。十九世紀唯意志論開創者叔本華，在其〈論閱讀和書籍〉文中指出：「對任何時代所謂的暢銷書要持謹慎的態度。」他覺得讀書應該精挑細選，把時間用來閱讀那些「古今中外的偉大人物的著作」，閱讀那些「站在人類之巔的著作及享受不朽聲譽的人們的作品」。閱讀就要「讀原著」，是他的體悟。他甚至認爲，閱讀經典原著，勝過於親炙教誨。他說：

> 「一個人的著作是這個人的思想菁華。所以，儘管一個人具有偉大的思想能力，但閱讀這個人的著作總會比與這個人的交往獲得更多的內容。就最重要的方面而言，閱讀這些著作的確可以取代，甚至遠遠超過與這個人的近身交往。」

爲什麼?原因正在於這些著作正是他思想的完整呈現，是他所有的思考、研究和學習的結果；而與這個人的交往卻是片斷的、支離的、隨機的。何況，想與之交談，如今時空，只能徒呼負負，空留神往而已。

三十歲就當芝加哥大學校長、四十六歲榮任名譽校長的赫欽斯（Robert M. Hutchins, 1899-1977），是力倡人文教育的大師。「教育要教眞理」，是其名言，強調「經典就是人文教育最佳的方式」。他認爲：

> 「西方學術思想傳遞下來的永恆學識，即那些不因時代變遷而有所減損其價值

的古代經典及現代名著，乃是眞正的文化菁華所在。」

這些經典在一定程度上代表西方文明發展的軌跡，故而他爲大學擬訂了從柏拉圖的《理想國》，以至愛因斯坦的《相對論》，構成著名的「大學百本經典名著課程」。成爲大學通識教育課程的典範。

歷代經典．當今名著，超越了時空，價值永恆。五南跟業界一樣，過去已偶有引進，但都未系統化的完整舖陳。我們決心投入巨資，有計畫的系統梳選，成立「經典名著文庫」，希望收入古今中外思想性的、充滿睿智與獨見的經典、名著，包括：

- 歷經千百年的時間洗禮，依然耀明的著作。遠溯二千三百年前，亞里斯多德的《尼各馬科倫理學》、柏拉圖的《理想國》，還有奧古斯丁的《懺悔錄》。
- 聲震寰宇、澤流遐裔的著作。西方哲學不用說，東方哲學中，我國的孔孟、老莊哲學，古印度毗耶娑（Vyāsa）的《薄伽梵歌》、日本鈴木大拙的《禪與心理分析》，都不缺漏。
- 成就一家之言，獨領風騷之名著。諸如伽森狄（Pierre Gassendi）與笛卡兒論戰的《對笛卡兒沉思錄的詰難》、達爾文（Darwin）的《物種起源》、米塞斯（Mises）的《人的行爲》，以至當今印度獲得諾貝爾經濟學獎阿馬蒂亞．

森（Amartya Sen）的《貧困與饑荒》，及法國當代的哲學家及漢學家余蓮（François Jullien）的《功效論》。

梳選的書目已超過七百種，初期計劃首爲三百種。先從思想性的經典開始，漸次及於專業性的論著。「江山代有才人出，各領風騷數百年」，這是一項理想性的、永續性的巨大出版工程。不在意讀者的眾寡，只考慮它的學術價值，力求完整展現先哲思想的軌跡。雖然不符合商業經營模式的考量，但只要能爲知識界開啓一片智慧之窗，營造一座百花綻放的世界文明公園，任君遨遊、取菁吸蜜、嘉惠學子，於願足矣！

最後，要感謝學界的支持與熱心參與。擔任「學術評議」的專家，義務的提供建言；各書「導讀」的撰寫者，不計代價地導引讀者進入堂奧；而著譯者日以繼夜，伏案疾書，更是辛苦，感謝你們。也期待熱心文化傳承的智者參與耕耘，共同經營這座「世界文明公園」。如能得到廣大讀者的共鳴與滋潤，那麼經典永恆，名著常在。就不是夢想了！

二〇一七年八月一日　於

五南圖書出版公司

導讀 論人類不平等的起源和基礎

陳思賢
國立臺灣大學政治學系教授

歐洲啓蒙時代來臨後，人們對於未來充滿了嚮往與自信心，感覺用理性所建立的文明將帶領大家邁入新的世界。經濟上資本主義與工業文明開始發展，政治上絕對王權帶領下的強大民族國家興起並向海外拓展，而文化與社會上都洋溢著迎接美好明日的氛圍。只有一群人開始唱反調，認爲這並不一定是好現象，他們就是十八世紀的「浪漫主義」派文人，而盧梭正是這個圈子的頭號代表人物之一。

十八世紀中葉，盧梭參加迪戎學院（Academy of Dijon）論文競賽，發表了〈科學與藝術的進步是否有益道德習俗〉，獲得首獎；隔數年又以本文〈論人類不平等的起源和基礎〉參賽，雖未獲獎，但此文出版後卻廣受注目、影響深遠。這兩篇論文都有共同的主旨：迄今的文明發展並未給人類帶來幸福，反而是桎梏與痛苦。在啓蒙運動的高潮講出此語，令人驚訝；但更令人深思的是：迪戎學院論文競賽的評審們竟然讓首發這論調的第一篇論文獲得首獎！（可見歐洲哲學內部的確是一向有深刻反思的傳統）。

〈論人類不平等的起源和基礎〉這篇論文的結論如下：人類從自然狀態進入文明狀態，是造成不平等的起源與基礎。「在自然狀態中幾乎沒有任何不平等。由於人類能力的發展和人類智慧的進步，不平等才獲得了它的力量並成長起來，最終在私有制和法律建立之後，被確立爲永恆的合法現象。」

如果我們沿著不同的變革來追蹤觀察不平等的發展，我們便會發現法律和私有制的建立是不平等的第一階段；官職的設置是不平等的第二階段；而第三階段，也就是最末一個階段，是法制權威變成專制的權威。因此，第一階段的不平等是窮與富，第二階段是強與弱，第三階段是主人和奴隸。最後一個階段是不平等的頂點，也是其它各個階段持續發展的最終結果，直到新的變革使政府完全瓦解，或者重新回到法制狀態爲止。

也即是說，盧梭認爲人類文明的演變，發展出繁複的精神現象、價值觀與法律政治制度，但其本質卻是逐漸往自己身上套縛枷鎖而已。而其最主要的論證理路是這樣的：原始人懵懂無知、自然純樸，是快樂的。但是，

原始人和文明人的內心深處與行爲傾向是如此的不同，以致造成給文明人至高幸福的東西，反而會使原始人陷於絕望。原始人僅喜愛安寧和自由，他只顧自由自在地過著閒散的生活，即使斯多噶派的淡薄也比不上原始人對身外之物的淡薄。相反的，文明人則終日勤勞，而且它們往往爲了尋求更加勤勞的工作而不斷地流汗、奔波和焦慮。他們一直勞苦到死，甚至有時寧願去冒死亡的危險，來維持自己的生存，或者爲了追求永生而自絕於世。

原始人和文明人的這一切差別的眞正原因就是：「原始人過著他自己的生活，而文明人則終日惶惶，只知道生活在他人的意見之中。也可以說，他們對自己生存的意義的看法都是從別人的判斷中得來的。」所有的道德都變成是「人爲的和造作的：榮譽、友誼、美德，甚至惡行也不例外」，最後無可避免的結果是，「從這一切中，我們終於發現了炫耀自己的秘訣。」我們幸福和滿足，來源於別人的評價和我們所從社會上能取得的名聲之好壞。

「我也不想追問，爲什麼我們總問別人自己是怎樣一個人，而從不敢拿這一題目來問自己。」因此，

在眾多的哲學道理，人性而崇高的格言中，我們只有一種浮華的欺人的外表，擁有榮譽卻沒有道德，會思考卻沒有智慧，耽於享受卻沒有幸福。

盧梭認爲：「上述情況絕對不是人類的原始狀態，社會的精神以及社會產生的不平等改變和破壞了我們所有的本性。」不平等不是自然狀態中的產物，而是我們原始人的本性被改變之後，由社會的價值與社會的制度一起與人類的「新性格」所辯證地、惡性循環地形成的。人類在文明狀態下的心性，造就了不良的價值觀與制度，而私有制和法律又將其鞏固。於是乎盧梭認爲人類的文明正掉入一個財富、社會地位與人性尊嚴上的不平等漩渦中，「一切又回到強者法則，因而也就是回到一個新的自然狀態。然而這種新的自然狀態與最初的自然狀態不同，因爲最初的自然狀態是純粹的自然狀態，而新的自然狀態乃是過度腐化的結果。」

我們自然會好奇，人類開始文明化後（包括私有財產和法律的出現）爲何會讓人類失去純眞與改變本性？盧梭指出，關鍵就在於「差別」。人類

是高等生物，具有其它動物所沒有的智力，所以群居生活演進一段時日後，「隨著觀念與感情的相互推進，精神和心靈開始活躍，人類便日益文明化。聯繫愈多，關係也就愈緊密。」每個人都開始注意別人，也願意別人注意自己，「於是公衆的重視具有了一種價值。最善於歌舞的人、最美的人、最有力量的人、最靈巧的人或最有口才的人會受到最多的關注。」質言之，「別人對我的態度」，或是「虛榮感」，成爲人類社會生活中非常重要的一個因素，「這就是走向不平等的第一步，同時也是走向邪惡的第一步。」所以盧梭解釋人類邁向文明所付出的代價，就是我們開始必須終日活在「別人的意見之下」（empire of opinions），無法再保有本眞了：「在最初的差別中，一方面產生了虛榮和輕蔑，另一方面也產生了羞慚和羨慕。新的生活引起的混亂將原始的幸福和天眞生活一起終結了。」一般而言，私有財產是造就「虛榮」的「物質性元兇」，而法律所規範出的社會位階與權力乃是「精神性元兇」。這也就是爲什麼盧梭最被引用的一句話是：「人雖生而自由，卻處處活在鎖鍊中。」人們在私有財產上與權力地位上的差異，帶來了基本上的不平等與諸多衍生而來的不平等。再加上滾雪球效應，人類社會終於陷入「虛榮」與「處處不平等」之苦而難以自拔。也難怪當時法國的徵文比賽會重視此聲音。

其實我們可以把近代西方社會理論的發展史看成是對治「不平等」的歷史。在傳統社會與王權時代，有階級不平等與統治者/被統治者間的不平等。所以社會契約論、天賦人權論與諸多自由民主理論等都可被視爲是打造政治上的平等。資本主義的自由市場概念也算是建立一個平等經濟行爲的架構，讓所有的人在市場上公平競爭。到後來大家發現資本促成了所得分配的不公平後，社會主義的出現乃是謀求消除經濟上的不平等。但社會主義在世界某些地方實施的弊端漸次浮現後，福利國家與社會民主理論的出現，又是在後期資本主義時期追求減輕經濟不平等弊端的努力。而諸如女性主義、多元文化主義等等，也都是在追求消除性別上與文化認同上的不平等——雖然這種不平等並非個人的，而是族群性的。

西方文化從盧梭開始，正式勇敢地面對文明帶來不平等這個議題；之前不是沒有這樣的認知，只是少有人像盧梭一樣公然地「反啓蒙」。舊約聖經中該隱因爲嫉妒他的兄弟亞伯獻給上帝的祭品較好，就將他殺了；希臘悲劇中諸女神搶「金蘋果」所代表的頭銜而引發特洛伊戰爭。這些都是因「虛榮心」而陷溺於不平等心態所帶來的災難。人類歷史中這樣的案例不可勝數，大家一定對此也都非常感慨。我們在文學與社會理論中，經常看見很多作者描繪不平等心態所帶來的苦毒後果；另一方面，也看到許多作者在其作品中致力於追求平等、消滅不平等。但是像盧梭這樣「與此纏鬥一生」的思想家卻還不常見：他的學思生涯起於對不平等的觀察研究與解釋，終於對不平等的究竟解決方案之提出（如其代表作《社會契約論》）。彷彿他一輩子的天職召喚，就在於對抗「不平等」這個現象。

盧梭本爲一孤兒，成長艱辛、充滿掙扎，來自於社會下層的他，對於人世間種種不公義與悲慘會有深刻感受，自不待言。如果他是以「不平等起源」這樣一個主題崛起於文壇與知識界，又以此主題連貫其一生社會理論之著述，那麼這頗像是上天隱隱之間的安排。他成名後也曾經風流倜儻，歌舞昇平迷失自我，但這一切彷彿是命運刻意讓他經歷人世各種情境，並賜與其一支雄健的筆，以便有朝一日書寫出對人類文明發展進入歧路的深刻反思與解決之道，誠可謂戲劇性。

「啊！人啊，不論你是何國籍，不論你有何種思想，請聽吧！這是你的歷史。」盧梭在〈論人類不平等的起源和基礎〉的序言中，寫下這段話。此時他的語氣，好比是個先知，或神的代言人呢！

致日內瓦共和國

大多數令人尊敬的權力貴族都認爲，只有善良正直的公民才配擁有國家榮譽感，在過去的三十年裡，我一直在努力讓自己變得優秀，以期配得上向你表達我的敬意。而這次榮幸在某種程度上也彌補了我自身努力的不足。我認爲，能獲此殊榮全因我擁有一腔鼓舞自身的熱忱，而非因爲我有此權利。能與諸位生活在同一時代是我的幸運，我怎能只考慮自然授予人類的平等及人類自己所造成的不平等，而忽視與這個國家幸運地結合在一起的深奧智慧？這種智慧最合乎自然法則，也最受社會大衆歡迎，並且有助於維護公共秩序，保障個人幸福。正當我探索嘗試可能爲政府機構制定的最佳規則時，發現你們已經將其付諸實施，我感到非常震驚。即使我並未出生在你們的國度，我也應當向你們這些即將享受其最大權益且最能防止其濫權的人，提供這幅描繪人類社會的藍圖，我責無旁貸。

如果可以選擇自己的出生地，那我一定會選擇一個人們的管理能力與其幅員適宜的國家，也就是說這個國家得到了妥善的管理：每個人的能力都與其職務相匹配，所有人都感覺自己的擔當是責無旁貸的；在這樣的國家，人與人之間都彼此了解，無論是邪惡的陰謀還是質樸端莊的美德，都無法逃脫公眾的審視和評判；在這樣的國家，人們彼此認識和相互了解，有助於讓人們將對國家的熱愛轉化爲人與人之間的關愛，而非對土地的熱愛。

我希望自己所出生的國家，最高統治者和人民所享有的利益是完全一致的，這個國家機器的一切行動應該始終指向普羅大眾的幸福。而只有在人民就是當權者的情況下，這個理想的狀態才會成爲現實，亦即，我希望出生在一個法制健全的民主政體之下。

我願意自由地生活，也願意自由地死去。也就是說，無論是我還是別人，都應受到法律的管制，都不能擺脫體面的法律的束縛。這種束縛適度且有益，即便是最傲慢的人，也願意服從這種束縛，但這種服從，只是爲了可以免於忍受其他束縛。

如此，我就希望國內無人膽敢宣稱自己凌駕於法律之上，而國外也無人膽敢任意擺布這個國家——如若不然，這個國家就應當重組自己的政府。因爲，無論一個國家的政體如何，只要它的管轄範圍內有一個人可以不服從法律，那其他人就必然會唯他馬首是瞻。而如果國內有一名本國籍統治者，同時又在國外有一名外籍統治者，那不管他們怎樣分權，民眾都不可能做到同時聽從兩人的指揮，而這個國家也不可能獲得很好的治理。

無論它的法律有多麼的優秀，我都不會選擇生活在一個新成立的共和政體的國家裡。因爲政府的框架結構很可能無法適應時勢的要求，並因而招致其新公民的不滿；或者說新公民無法達到新政府的要求，而且嶄新的政府通常都很容易被推翻和摧毀。因爲，就如同那些美食或者那些醇香的美酒一樣，新建政府所謂的自由用於滋養體質強健的人倒是非常適合，但對於那些體質虛弱的人來講，只會讓他們走上毀滅的道路，或者說沉迷美酒之中無法自拔。人們會逐漸適應自己的主人，而在失去主人之後，便會變得無所適從。他們越是試圖擺脫羈絆或者束縛，就越發地使自己遠離自由——這是因爲，他們會誤將與眞正的自由背道而馳的無拘無束視爲自由本身，並因而選擇走上透過革命的手段獲取自由的道路，但幾乎所有的革命最終都會成爲煽動者的俘虜，只會讓他們的枷鎖更加沉重。羅馬人就是所有自由民中的表率，他們從塔克文王朝（Tarquins）的高壓統治中逃脫之初，他們還完全沒有自治的能力。強加在他們身上的奴隸制和恥辱的工作，使得他們變得品行惡劣，他們最初不過是一群愚蠢的烏合之衆，因此，用最偉大的智慧去控制並治理他們極有必要。爲了達到這一目的，必須讓他們逐步習慣呼吸健康的自由空氣，而在暴政中喪失了活力、變得癡愚的他們，也需要逐漸培養淳樸的德行和剛毅的精神，這才可能成爲值得尊敬的民族。因此，我應該找尋一個和平的共和國作爲我的祖國：這個國家的古舊風氣，已經隨著時間的流逝逐漸地消失了；這個國家曾經經歷的動盪，已經證明並加強了其國民的勇氣和愛國熱忱；他們已經養成了一種明智的獨立習性，他們不僅自由，而且配得上這樣的自由。

我願我爲自己選擇的祖國——因爲某種幸運——沒有征服他國的狼子野心，又因爲某種更大的幸運，不會成爲他國侵犯的目標：它自由的城池位居幾國之間，這些國家都無意進犯它，因爲某種利益關係還會阻止其他國家進犯它。簡言之，這個共和國沒有任何會勾起鄰國野心的東西，在需要的時候，它還可以合理地仰仗他國的援手。如此一來，一個處於這般幸運境地的共和國除了自身以外，它無所畏懼；倘若民衆想要學會使用武器，那也不是爲了自衛的目的，而是爲了保持武裝的熱情和勇敢的精神——這種熱情和精神之於自由的民衆是自然而然的，以及爲了保持他們對自由的熱愛。

我願找尋這樣一個國家，在這個國家裡，立法權屬於全體公民：在他們之外，本來也不會有誰能比他們更有能力評判如何在同一個社會中獲得最好的生活。但是，這並不表明我支持羅馬人的那種公民投票：在那種國家中，國家領導人和那些最關心國家存留的人，被排除在很多決定國家安全的表決之外。而且，在那種國家中，或許還會出現執政人員反而不能享受普通公民所享受的權利這樣的悖論。

從另一個方面來說，爲了阻止一些以權謀私和構想拙劣的計畫，也爲了阻止那些最終毀滅了雅典人的危險的創新觀念，我認爲任何人都沒有輕易創立新法律的自由，這種權力應該專屬於官員。我希望，即便是官員，在使用這種權力的時候也要小心審慎。處於另一端的普通公民，在批准這些法律的時候要抱以十二萬分的謹慎，法律的頒布應當抱以萬分的莊重。我希望，在法律被人們廢除之前，應該花費足夠的時間讓所有人相信，這個法律之所以神聖莊嚴，正是因爲其歷史悠久。人們會日益蔑視那些朝三暮四的法律，鄙視那些打著革新的旗號不斷地廢除各種由來已久的風俗習慣的國家，因爲這種所謂革新所帶來的弊端，往往會大於人們所急於革除的舊俗。

我要特別留意，避免生活在一個由於治理不善而境況糟糕的共和國中：那裡的人們都以爲行政官員是多餘的，或者只給他們些許不確定的權力，他們輕率地以爲自己能夠管理好民事並執行好法律。這樣的政府想必是最粗糙的了，它們直接產生於自然狀態，而雅典共和國的覆滅大概正是如此政府結構的結局。

我願意選擇這樣一個共和國，這個國家裡的所有公民都很滿意自己有批准法律的權利；他們可以在公民集會上依據領導們的意向來決定最重要的公眾事務，建立受人尊重的法庭，審慎地劃分行政區域，有機會年復一年地選舉最有能力、最正直的公民來掌管司法和行政權責。簡言之，這個國家官員的品行昭示了民眾的智慧，每一個階層都互相尊重。這樣的國家中，即便偶爾出現了不幸的紛擾，其中的盲目和謬誤也保持了足夠的克制，人們依然相互尊重並始終遵從法律。這些特質是誠摯且持久之和平的預兆及保證。

最值得尊重、最偉大、最至高無上的執政者們，他們即是這個國家的優勢，這樣的國家正是我所希冀的祖國。而如果天遂人願，再恩賜一些優越的自然條件——諸如適宜的氣候、肥沃的土壤以及天底下最漂亮的鄉村美景，我只希望，我可以在這個幸福國度的懷抱中平靜地享受一切福佑；可以安逸地在這個同胞情濃的溫馨社會之中，並依照他們的示範，與他們友好相處，同時也竭盡我的道義責任，增進自身品性，給後人留下一個誠實正直、品德優良的愛國者的名聲。以上，即是這樣一個國度當中的圓滿的幸福。

儘管我由於時運不濟，也許是由於明事過晚，不得不在一個不堪的國家終生忍受各種折磨，徒勞地追悔自身青年時代的碌碌無爲，無法享受到內心的安寧，但至少在內心深處，懷抱著同樣的情感，即便在我自己的國土上沒有機會表達出來。此時此刻，我心中滿懷著一腔之於遠方同胞的柔情和關愛，我的內心在對他們說：

「我親愛的同胞們、兄弟姐妹們，你們與我之間有著血統和法律的連接，我總是禁不住會想像你們正在享受的所有福佑，並爲此心生愉悅，你們當中或許沒有誰能比我這個已經與幸福無緣的人更能深刻地體會到幸福的珍貴。我越是細緻地思量你們的民事和政治境況，就越難以想像更加美好的人類事務。在所有其他的政府中，也不乏增進全國人民利益的提議，但在計畫和想法之外，總是看不到完全實現的機會。但你們的幸福可謂已經圓滿了，你們除了享受幸福之外別無他事，你們已經別無所求，擺在你們面前的已經是最完善的幸福，你們只要不使自己變得貪得無厭就不會失去它們。你們用刀劍所獲得或者說恢復的獨立自主，在過去兩個世紀的時間裡，一直得到了你們勇氣和智慧的庇護，最終還得到了全世界的承認。你們的國界已然穩固，你們的權利已經得到了確認，你們的和平與安寧也得到了莊嚴條約的保障。你們的憲法最爲優秀，它不僅有最爲深厚的智慧做基石，還得到了友好鄰邦的保證。你們的國家非常穩定，既不害怕戰爭，也不畏懼侵略。在你們自己制定並由你們自己選舉出的正直官員執行的法律之外，你們沒有別的主人。你們還沒有富裕到變得嬌氣、喪失活力的程度，你們沒有因此不務正業，失去對眞正的幸福和美德的品鑑能力，也沒有窮到自己的工業無法自足，不得不向其他國家申請援助的地步。同時，在大國中只能靠沉重賦稅換取的珍貴自由，對你們來說，無須付出任何額外的代價。」

「希望這樣一個組織合理且運行恰當的共和國能夠永世長存，因爲它將成爲其他國家的表率，也因爲這是本國公民的福祉！這就是你們今後唯一需要祈禱的，也是你們唯一需要爲此採取預防措施的目標。自此以後，你們只能靠自己了（不是爲自己製造幸福，因爲你們的祖先已經幫你們解決了這個問題），靠自己去智慧地享受這已有的幸福，並讓它永存。你們能否保持幸福的現狀，取決於你們是否能永世團結，你們能否遵守法律，能否尊重法律的執行者。如果你們之間並非不存在一絲一毫的痛苦或者不信任，那就立刻加以剷除——它們作爲邪惡的發酵劑，總有一天會給你們的國家帶來不幸和毀滅。我懇求你們所有人都仔細查看自己的內心，傾聽內心的密語。在這個世界上還能找到比你們的執政人員更加正直、更加開明而且更加值得尊敬的人嗎？你們的所有執政人員不都在克己奉公、遵紀守法和與人爲善等方面爲你們樹立了榜樣嗎？因此，對於這些睿智的官員，你們應該毫無保留地授予他們應得且有益的信賴。你們已經選擇了他們，而他們也證明了這個選擇的正確性，你們所擁護的這些人所收穫的榮光也將反過來投射到你們身上。你們之中沒人會無知到不明白這一點：法律失效、執法人員權威喪失之時，即是安全和自由淪陷之日。因此，你們爲什麼要猶豫呢？爲什麼要充滿熱情、滿懷信心地這樣去做呢？其實你們的一生都應該熱心於此，這是你們眞正的利益所在，也是你們的職責所在。」

「不要用應受懲罰和無益的冷漠面對憲法，這種態度會使你們在必要之時忽略你們同胞中最明智、最熱忱的人們的遠見卓識。而應該讓公正、克己及堅定的決心繼續指引你們前進的方向，你們應當作爲一個勇敢而謙和的典範民族展現在全世界面前，讓他們學習你們的榮耀和自由。我給你們的最後一條建議是，你們要特別當心那些凶險惡毒的流言蜚語，它們往往裹挾著不可告人的動機，這些動機往往比相應的行爲更加危險。一隻忠誠可靠的看門犬在小偷靠近時發出的警報，可以引起房子裡所有人的戒備，但我們討厭那些驚擾社會安寧的野狗，它們總是不停地發出不合時宜的警報，讓我們在眞正必要的時候反而對危險視而不見。」

而你們，你們這群最高尚、最值得尊敬的執政人員，你們這群自由民的傑出官員，請允許我盡我的本分，特別向你們表達我的敬意。如果世界上有一種地位能將榮譽授予那些身處此處的人，毫無疑問，美德和才能當是考核標準之一，而你們已經讓自己成了傑出人物，理應受到廣大公民的推崇。他們的成績已經證明並因此爲你們添加了額外的榮譽，與此同時，因爲你們已經被那些能夠管理他人的人選出來管理他們自身，我必須承認你們比所有其他各國的政府官員都要優秀，讓你們擔此重任確實是實至名歸，你們以及你們領導的自由民族在智慧和理性上更優於其他國家的民眾。

請允許我引證一個有著明確紀錄的例證，一個一直以來都深得我心的榜樣。我滿懷感激之情回想起這個德行高尙的人，我的個人成長曾經受益於他。當我幼年之時，我將對你們的尊重投射到他的身上。我靜靜地看著他，看著他憑藉自己的雙手過活，看著他用偉大的眞理滋養自己的靈魂。我看到塔西佗、普魯塔克、格老秀斯的作品，與一堆做手藝的工具一齊擺放在他面前。他的兒子站立一旁，正在接受世界上最佳父親的細心指導，可惜收效甚微。但是，如果說是年輕人的愚蠢使我一度忘記了他的英明訓導，那我最後也幸運地意識到，無論一個人的習性多麼惡劣，他都很難絲毫不受飽含父愛的教育的影響。

這就是你們的公民，我最可敬的執政官們，這就是你們領導之下的那個國家的普通居民，這就是那群聰穎且明智的公民——在其他國家，他們被稱爲工人和平民，他們的觀點往往被視爲低下而錯誤的。我所幸擁有的父親，絕非他同胞中的佼佼者。他就是他們，但是和他一樣，無論身處何處，他們始終受人歡迎，即使是品格高尚之人也能從他們身上得到教益。本不該我提醒你們考慮這樣的問題：這些人有權去期待自己遇到怎樣的官員，期望自己與官員一樣接受同樣的教育，擁有與生俱來的權利，並且只有在他們感謝你們的善行時，只有在他們自願放低身分時，你才能承認他們低你一等。我非常欣慰地看到：在面對他們的時候，你們投入了最大限度的謙恭和屈就以緩解執法者的嚴峻，你們還用尊重和關注來報答他們適宜的敬仰和遵從。這種行爲不僅公平、公正而且考慮周全，這種行爲輕巧地抹去了很多不幸的記憶，這種記憶理應被埋葬在永恆的遺忘之谷中。這樣的行爲之所以獨具遠見卓識，還因爲它能讓這群慷慨大方、明白事理的公民在他們的責任中找到快樂，讓他們自然而然地對你們表達敬意，讓這群最熱心於維護自身權利的民衆同時也樂於尊重你們的權利。

民權社會的統治者理應發自內心地關心本國人民的福利和榮譽，這一點根本不足爲奇，但是如果那些統治者因爲自己的地位而高看自己，甚至認爲自己是一個神聖而莊嚴的國家的主人，那對於和平年代的國民以及對於自己所處的國土所應當抱有的熱愛將是非常不幸的。我覺得非常幸福，因爲我能盡我所能地提出一個如此獨特的對大家有利的期望，並能夠將最優秀的公民分類：一種是熱心的委託人，他們對法律抱有神聖的信仰；另一種是令人尊敬的靈魂導師，他們那強大而有魅力的辯才，足以使你們相信那些福音書中的至理名言，因爲他們是第一個將這些東西付諸實踐的人。全世界的人們都知道，布道最爲成功的人出自日內瓦，因爲人們已經看厭了布道壇上說一套、私底下做一套的陋習，因此很少有人有機會知曉自己距離基督教教義的神聖、聖潔、嚴以律己和寬以待人有多遠。也許，只有在日內瓦這個城市，才可能產生一個具有教育意義的、如此完美的同盟榜樣，它是牧師與文人墨客的聯盟。他們的智慧、他們著名的克己品質以及他們對於國家繁榮昌盛的熱切期盼，都在很大程度上促成了我對於這個國家永久和平安寧的期待。同時，夾雜著驚喜和敬仰的愉悅，我注意到他們是多麼憎惡那些可恨且粗鄙之人的駭人言論，憎惡那些給我們樹立壞榜樣的故事所呈現的可怕觀點。那些憑著維護上帝的藉口、只爲自己的利益考慮的人，也越來越希望自己能夠得到特別的尊重，並因而不像過去那麼貪婪了。

我不會忘記，在這個共和國裡，彌足珍貴的女性同胞給另一半帶來了幸福，她們的親切友善和遠見卓識爲這個國家的安寧和觀念提供了保障。日內瓦親切友好、品德高尚的女兒們，通常情況下都是你們在管理支配著我們這個性別。只要你們能夠恰當地運用和發揮你們之於夫妻關係和家庭內部的影響力，這個國家的榮耀和國民的幸福就有了保障。女性因此得以在斯巴達發號施令，而你們也完全可以在日內瓦發號施令。什麼樣的男人才會粗野地抵制他那富於柔情的妻子的口中發出來的友善和理性的聲音呢？誰不會鄙夷無益於女性本身光華的虛榮奢侈呢？誰不認爲簡約樸素的著裝才與美最適宜呢？用你們潤物無聲的影響和你們友善的引導來維護國家法律的尊嚴，來促進人與人之間的和諧相處是你們的職責。用幸福的婚姻將破碎的家庭重歸於好，也是你們的職責，除此之外，你們還應當用充滿說服力的教誨和你們最溫和的優雅談吐，去糾正我們國家那些年輕人從國外學來的不良習性。那些年輕人從國外沒有帶回任何一樣有益的東西，只有一些從自由散漫的女性那裡學來的幼稚可笑的虛華行徑，這並非所謂的高貴顯赫，不過是之於卑躬屈膝的可憐賞賜而已，它與眞正偉大的自由毫不相干。因此，爲了你們的職責和美德，請繼續保持現狀，保持你們堅實的道德守護人的身分，繼續做我們平和安寧的貼心守衛，繼續發揮你們的心靈影響與本性的榮光吧！

在爲普羅大衆的幸福和共和國的榮耀奠定一個希望基石這件事情上，我永遠都不會犯錯，對此我敢於大言不慚。然而，我必須坦誠，即使有了所有的優勢，共和國也不會因此發出某種特別的榮光，不少人可能會爲此孜孜以求。這種對於榮耀的幼稚且頗具毀滅性的追求，是幸福和自由最致命的敵人。

讓那些荒誕不經的年輕人到別處去找尋放蕩的愉悅和長久的悔恨吧！讓那些覬覦高位的人去別處欣賞宮殿的富麗堂皇、馬車的豪華、家具的美輪美奐、公衆活動的壯麗浮華以及奢侈品的極致浮華和蕩婦們的嬌嗔怒罵吧！在日內瓦，除了樸實的平民，沒別的可以引以爲傲，然而，樸實的平民與那些浮華的事物相比，更値得成爲其他人的仰慕對象。

最可敬、最偉大、最至高無上的執政者們，請屈尊接受我滿懷敬意的宣言，我對你們的共同幸福分外關注。而且，如果我因爲從心底噴湧出來的狂喜而顯得莽撞冒失，請你們原諒我。請將其視爲一個眞正愛國者的衷情，視爲一個熱心人合理的熱忱，如果你們不幸福，他不敢想像自己的幸福。

最可敬、最偉大、最至高無上的執政者們，我向你們表達我最崇高的敬意。

你們最謙遜、最忠順的僕人和同胞

讓-雅克・盧梭

一七五四年六月十二日　於尙貝里

目錄

導讀……9
致日內瓦共和國……17
I 引言……33
II 人類不平等的起源和基礎……45
III 附錄……133
IV 盧梭年表……147
V 譯名對照表……157

I

引言

在我看來，在所有的人文學科之中，最有用卻最不完整的便是有關於「人」的知識：我敢不揣冒昧地說，德爾菲神廟[1]石碑上格言的意義，要比現在人們所能見到的倫理學家寫就的所有卷帙浩繁都更加深奧而且更加重要。我以爲下文論述的主題是哲學學科所提出的最有意思的問題之一，但不幸的是，這也是哲學家不得不面對的最棘手的問題之一。如果我們不了解人類本身，又如何能夠了解人類不平等的起源呢？而且人類又如何能夠期望：在源於自然、經歷了一系列事件和長期嬗變之後，卻不對此加以探究即可了解人的原始形態？他的本性在經歷改變和增減的過程中，他所處的環境和他所取得的進步已經改變了他的原始形態，而他又怎麼能分辨這些改變中最根本的是什麼呢？就像格勞科斯[2]的雕像，在經歷了時間、潮水和暴風雨的洗刷之後，其原本的模樣已經無可分辨了，它看起來更像是一隻野獸，而非一位天神。經歷了種種社會變遷、見識了大量眞相和謬論、經歷了社會結構的改變之後，人類的靈魂可以說已然是面目全非了，原貌幾乎無可辨識。我們在人類史裡面找不到一個一直遵照確定不移的本性做事的人，找不到那些由它的神聖造物主要賦予他的崇高且莊重的樸素，所見的只是一些自以爲合理的情欲與自以爲是的理智之間的可怕對立。

更殘酷的是，人類所獲得的每一次進步，都將其越來越遠地帶離其原始狀態。我們獲得了越多的知識，便失去了越多獲得最重要的知識的手段。因此，在某種程度上，隨著我們對人類自身的研究的深入，我們的力量也在不斷地走向枯竭。

不難理解，我們應當在人體構造的一系列變化中，去尋找區分人與人的各種差異的根源。我們可以設想，人與人之間最初的平等是與所有其他同類動物之間的平等毫無二致的。

其實，我們並不認爲這些已經發生的原始變化，會以某種方式突然改變種群當中的每一個個體。不難想像的是，當其中一些人的狀態在變好或者變壞之時，以及他們在獲得一些並非與生俱來的美德或者惡習之時，另一些人卻依然較長時間地保持著他們的原始狀態。毫無疑問，這就是人類不平等的第一個源頭；不過，籠統地概括雖是頗爲便宜行事，但要比準確地闡述其每一個實際原因難很多。

因此，我應當避免使讀者以爲我在自我吹噓，以爲自己歷經重重困難之後獲得了極其難得的發現。我不過是進行了一些推理，並提出了一些冒險的猜測，與用一個觀點去闡明難題並將這個難題簡化爲一個適當的形式相比較，解決難題看起來更令人感覺無望。在同一條道路上，也許有些人會很容易就比我走得更遠，但沒人可以輕鬆到達終點。因爲，這絕不是一條可以用來正確探測人類深層本質中的原始成分和人工成分之差異的線索，也不是可以用來對不再存在（或者說從未而且永遠都不會出現）的某種狀態形成一個正確看法的線索。無論如何，爲了對我們的現狀進行一次正確的評價，有些正確的看法是非常必要的。實際上，爲了對這個論題得出一個可靠的觀察報告，我們需要比我們所能想像得到的更多的哲學理論，需要一些足以讓人準確判定他應當採取何種預防措施的哲學理論。我以爲，倘若有人能爲下文中提及的那個論題找到一個很好的解決辦法，他便是當之無愧的當代亞里斯多德和普林尼。我們必須要做一些什麼樣的實驗，以發現自然人呢？而且這種實驗怎樣才能在一個社會狀態中得以實現呢？我著手解決這個問題已經很久了，我認爲我對這個論題已經做了充分的考慮，因此我敢事先冒昧的指出一點：最偉大的哲學家也沒那麼大的能耐去指導這樣的實驗，最強大的統治者也無法操作這種實驗。對於這樣的一種合作形式，我們很難找到期待的理由，尤其是爲了取得成功，他們還在其中加入了一些不屈不撓，而不是對於雙方來說都非常必要的持續的智力和善意。

這些調查研究進展很不順利，迄今爲止很少有人對其進行細究，儘管如此，這也是消除大量困難（這些困難剝奪了我們對於人類社會的眞正基礎的了解）所能憑靠的唯一方式。正是因爲人類本性中的無知，我們才不得不在正確定義天賦之權的時候投入大量不確定和愚昧。布拉馬基說，權利的觀念，尤其是天賦之權的觀念，明顯與人類的本性有關；我們必須根據人的本性和人類的結構和狀態來推斷這個學科的基本原理。

無須驚訝和畏難的是，我們所知道的那些探討過這個偉大論題的不同作者，很少達成一致意見。在爲數不多的權威著作中，更是沒有觀點一致的。且不說古代的哲學家似乎一直在蓄意就最根本的準則彼此駁斥。羅馬的法理學家曾經提出人類和其他動物一樣，都得遵循同樣的自然法則，因爲他們認爲，與其說這個法則是自然所規定的，還不如說是自然強加到人類身上的；或者說，這些法理學家是從一個特別的層面上來理解「自然法則」這一名詞的，他們似乎試圖通過這個名詞去理解自然在所有動物之間建立起來的普遍聯繫，爲了讓他們達至共同的保存。現代的法理學家在理解「法則」這個名詞之時，只將其理解爲適用於道德存在的一項法則，所謂道德存在就是一些有智慧和自由意志的、之於其與其他存在之間的聯繫非常重要的一種存在，所以他們把自然法則的管轄範圍限定在人類本身——因爲人類是唯一一種擁有理性的動物。但是，在定義這一法則之時，每個法理學家追隨的都是他們自己的方式，將其建立在形而上學的準則之上，我們之中能夠理解這些準則的人少之又少，而能自己發現這些準則的人也就更爲罕見了。這些有識之士的定義在其他方面都互不相同，但在一點上卻是一致的：如果他們不是非常機敏的詭辯家和功底深厚的形而上學者，是根本不可能理解自然法則的，也因而無法遵守自然法則。也就是說，在建立人類社會的過程中，人類必須擁有解決重重困難的能力，而即便是在社會的狀態之下，這種能力也僅僅爲少數人所擁有。

對自然知之甚少，對於「法則」這個名詞的含義的理解又天差地別，因而，要對自然法則下一個完善的定義，恐怕會非常困難。正因如此，我們在各類書籍中所見到的所有定義，它們除了在統一性方面存在瑕疵之外，還有另一個缺點：它們的來源都並非取自自然的知識，而是在其脫離自然之前完全不爲人知的有利條件。現代學者往往會透過將一些與人類共同利益相符的法則集合在一起，命其名爲自然法則，卻不提供任何論證過程；他們想當然地認定，經由普遍試驗，這些規則可以得到一定好處。毫無疑問，這是一種極爲簡便的定義方式，也極爲輕巧地以利於一己之便的方式來解釋萬物之性質。

但是，設若我們忽視了自然人，則不管是確定自然人最初所應遵循的法則，還是確定哪種法則最適用於特定的（社會）結構，都將是徒勞無功的。就我們的了解，法則若要贏得尊重，若要稱其爲一條法則，則不僅那些受其制約的意志必須服從它，它還必須直接源自自然的聲音。

從所有此類科學著作中，我們只能觀照人類的現狀，不妨將這些著作都擱置一旁，轉而細究最初、最簡單的人類心靈活動。我認爲，我們可以從中發現兩個先於理性存在的準則——一個讓我們聚焦於對人類的福利和長久生存，另一個則從根本上拒不接受同類——尤其是人類——所遭受的痛苦或死亡。在我看來，所有自然法則都源自上述兩個法則的協同和配合，此處無須導入社會性準則。當理性經過一系列的發展，最終對人類天性本身造成抑制之後，我們的理性只好尋求將法則建立在其他基礎之上了。

由此看來，我們不應該要求一個人在其成爲眞正的人之前就成爲一名哲學家。他對他人所行使的職責，並不只在他習得了後天的智慧課程之後才會開始，只要他不抗拒內心的憐憫，他就永遠都不會傷害其他人或者其他任何有感覺能力的生物，除非在合法前提下，爲了維護自身的生存而自衛。通過這種方式，我們還可以解決由來已久的有關於動物是否也遵循自然法的爭議：因爲很明顯的是，動物不具備智力和自由意志，牠們根本無法識辨自然法。但是，牠們也具有某些天賦的感受力，在某些方面，牠們也應享受天賦之權，人類也因此應該對這些動物履行某種義務。其實，我之所以不願傷害身邊的同胞，與其說是因爲他們是理性的存在，還不如說他們是感性的存在。就此而言，無論是人還是其他動物，都是相同的，至少應當賦予動物一定的特權，讓牠們不必在無益於人類的情形下遭受人類的虐待。

除此之外，對於原始人類的研究，對他們的眞實需求以及他們的義務相關基本準則的研究，是我們可以藉此消除各種困難的唯一途徑，這些困難表現在道德不平等的起源之上，表現在一個國家的眞實基礎之上，表現在全體國民的相互權利之上，也表現在很多其他同等重要和令人費解的類似論題之上。

如果我用冷靜公正的眼光來看待人類社會，它首先展示給我們的似乎只是弱肉強食而已。我們的心靈對於其中一方的殘酷感到震驚，而對另一方的盲目無知感到憐憫。然而，由於生命中再也沒有什麼比強弱（或貧富）一類的外在聯繫更不恆久和穩固的了，這種聯繫更多的只是機緣而非智慧的產物，由此之故，所有的人類制度，一眼看去似乎無不是立基於流沙之上的建築。只有除去建築周圍的灰塵和沙土，仔細觀察之後，我們才能看到建築底下的堅實基礎，並學會尊重它。但是，如果不對人類、人類的天生能力及其持續發展進行認眞研究，我們就永遠不能辨出建築與沙土之間的區別，也不能在萬物的實際構成中將神之意志的產物與人類藝術的產物區分開來。因此，我們面臨的這個重大問題所指向的政治和倫理研究，在各個方面都是非常有用的；同時，我們所推定的人類社會的政體歷史也是一個很可借鑑的參照。倘若人類、人性的發展放任自流，其後果之慘不難設想。我們應該祝福這樣的一個「他」：「他」善良地糾正我們的制度，賦予這些制度一個不可動搖的根基，並阻止那些制度可能引發的混亂，然後透過一些看似會讓我們陷入無邊苦海的方法，爲我們造就幸福。

上帝想讓我們成爲什麼樣的人？
你在現實中居於何種位置？
請細細思量。[3]

注解

【1】在前基督教時代，德爾菲神廟的重要之處是它曉示神諭的地位。它的預言和指示，都深刻地影響了希臘世界的文化和歷史。——譯者注

【2】希臘神話中的海神，善於預言。——譯者注

【3】波西藹斯，《諷刺文集III》，第七十一頁。

II

人類不平等的起源和基礎

我要論述的是人，而且，我所研究的問題啓示我，必須向人們論述這種觀點：害怕面對眞理的人是不會提出這類問題的。所以，我不揣冒昧，應約在給我鼓舞的智者們面前，論述人類的起源。如果不辜負這個論題和各位評判員的話，我將會感到無比榮幸。

我認爲在人類中存在兩種不平等：一種，我把它稱爲自然的或生理上的不平等，因爲它是基於自然，由年齡、健康狀況、體力強弱以及智力或心智的不同而產生的；另一種可以稱爲精神上的或政治上的不平等，因爲它依靠特定的制度安排，由於人們的同意而設定的，或者至少它的存在是爲大家所認可的。第二種不平等賦予一部分人特權，譬如，比別人更富足、更光榮、更有權勢，甚至能讓別人服從他們。

追問什麼是自然的不平等的根源是無意義的，因爲在它的簡單定義裡面，已包含了這一問題的答案。我們更不必追問在這兩種不平等之間，有沒有實質上的聯繫。因爲換句話說，這就等於問支配者是否一定優於被支配者，一個人的體力或智力、才能或品德是否總和他們的權勢或財富相稱。這樣的問題，向奴隸們提出並讓他們的主人聽他們討論，也許是好的，但讓一個有理性的自由人在追求眞理的時候去研究，則是非常不恰當的。

因此，這篇論文所要論述的主題是要指出：在事物的發展進程中，權力何時代替了暴力，自然服從了法律；要說明到底經歷了什麼樣的一系列奇蹟，才使強者甘願爲弱者服務，人民甘心放棄已有的幸福來換取一種空想的安寧。

研究過社會基礎的哲學家們都認爲，有必要回歸人類的自然狀態，然而實際沒有一個人曾經做到。有些人毫不猶豫地設想，在自然狀態中的人，已有正義和非正義的觀念，但他們卻沒有指出何以會有這種觀念，甚至也沒有說明這種觀念對自然狀態中的人有什麼用處。另外有一些人談到自然權利，即每個人生來擁有財產所有權，但卻沒有闡明他們對於「所有」一詞的理解。還有一些人首先賦予強者以統治弱者的權力，因而就認爲政府是由此產生的，卻忽視了人類創造權威和政府的概念之前的漫長時期。總之，所有這些人一直徘徊於人類的需要、貪婪、壓迫、欲望和驕傲這些在社會中產生的字眼，其實是把從社會中得來的一些觀念，搬到自然狀態上去了；他們論述的是野蠻人，而描繪的卻是文明人。甚至在現代多數學者的頭腦中，對自然狀態的存在從未發生過疑問，然而《聖經》中，卻明確說明第一個人已經直接從上帝那裡接受了智慧和訓誡，他本身就不曾處於自然狀態；而且如果我們像每個信奉基督教的哲學家那樣相信摩西[1]著述的話，便必須承認，即使在洪水來臨之前，人們也不曾處於純粹的自然狀態，除非他們遭遇某種神奇的際遇而重新墮入其中，那又另當別論。這種矛盾的說法既禁不起推敲也更不可能被證實。

所以我們首先要把一切事實撇開，因爲它們與我所研究的問題無關。不應當把我在這個問題上所研究的內容認定爲歷史眞相，而只應認爲是一些假定的和有條件的推理。這些推理與其說是爲了確定事物的眞實來源，不如說是用於闡明事物的性質，正好像我們的物理學家，每天對宇宙形成所做的那些推理一樣。宗教讓我們相信：上帝自己剛把人類創造出來，就立刻使人擺脫了自然狀態，人生而不平等，僅僅因爲上帝願意他們那樣。但是宗教並未禁止我們根據人和他周圍存在的事物的性質來進行推斷，倘若讓人類自然發展的話，究竟會變成什麼樣子。這就是我要回答的問題，也正是我自己想要在這篇論文裡加以研究的主題。由於我的主題涉及整個人類，所以我儘量採用一種適宜於所有民族的語言，或者不如說撇開時間和地點，只想著在聽我講話的那些人。我設想自己在古代雅典的學院裡，反覆吟誦導師的教誨，評判員是柏拉圖和克塞諾克拉特那樣的人，而聽衆就是整個人類。

啊！人啊，不論你是何國籍，不論你有何種思想，請聽吧！這是你的歷史。我自信我曾經讀過它，但不是在你的那些喜歡撒謊的同類所寫的書籍裡，而是在永不撒謊的大自然裡。源於自然的一切都是眞實的，如果偶有虛假，那也只是由於我於無意中摻入了我自己的意見。我所要談論的時代已經很遙遠了，而你也發生了巨大的變化！我所要給你描述的，可以說是你這一種類的生活。你們原有的品性已爲你們所受的教育和所沾染的習慣所敗壞，不過尚未完全毀掉而已。我覺得有這樣一個時代，你們每個人都會願意停留在那裡，你也在尋找那個時代，並希望你們這些純粹的人都生活在那裡。你不滿意你的現狀，並預感到你的不幸的子孫後代將會感到更大的不滿，所以你或許希望社會能夠倒退。這種感情無異於對你的祖先的頌揚，對你的同時代人的批評，而且也會使你不幸的後來者感到震驚。

第一部分

爲了正確地判斷人的自然狀態，必須從人的起源來觀察人類，也可以說必須從人類形成的初期來研究人類。這儘管是一種很重要的方法，但我並不打算研究人類在連續不斷的發展中逐步形成的構造。因此，我不準備探討在動物的體系中，人是怎樣從他最初的樣子，終於變成了現在的樣子。我不想去研究，是否眞如亞里斯多德所說，今天人的長指甲最初不過是彎曲著的爪子；是否在原始狀態中，人也像熊一樣，周身是毛以及是否人在最初用四肢爬行，他的視線總注視地面，只能望到幾步遠的距離，因而不能看到廣闊的大自然，因此也限制了思想的發展。我在這些問題上，只能作一些幾乎近於想像的籠統的猜測。比較解剖學至今還沒有多大的進步，自然觀察家們也不能爲任何可靠的推斷提供有力的證據。這樣，如果我不借助於有關這方面的超自然的知識，也不去注意人類因爲將四肢用於新的用途和食用新的食物而發生的身體內外構造的變化，我只能假設，原始時期的人和現在的人一樣，用雙腿行走，用雙手做事，目光前視整個大自然，也能看到廣袤無垠的天空。

如果把這樣構成的一種生物，剝去了他所能稟受的一切超自然的天賦，剝去了他在漫長的歷史中獲得的認知能力，也就是說，如果只觀察他剛從自然中生長出來時的樣子，那麼，我們便可以看到人這種動物，既不如某些動物強壯，也不如另一些動物敏捷，但總體來說，人體的構造是所有動物中最完善的。我看到，只要他能找到橡果充飢，找到溪水解渴，還能在橡樹下找到睡覺的地方，那他的全部需要便得到滿足了。

如果大地還像以前那樣肥沃，覆蓋著大地的無邊森林不曾受到任何刀斧的砍伐，那麼，這樣的大地仍然能夠爲所有的動物提供充足的食物和住所。生存在各種動物之中的人類，憑藉他觀察和學習的能力，使他獲得了其他動物的生存本領，因此具有了任何其他動物不能比擬的優勢。此外，人還有這樣一個優點：每種動物只有牠自己所固有的本能，而人本身也許沒有任何一種固有的本能，但卻能逐漸學會其他動物的生存能力。同樣的，其他動物分別享受的種種食物大部分也可以作爲人的食物，因此人比其他任何一種動物都更容易覓取食物。

由於人類自幼年就長期經歷氣候的多變以及季節的更替，因此不得不忍受疲勞，同時爲了保衛自己的生命和捕獲獵物，又不得不裸體、赤手空拳的去對抗其他猛獸，或者爲了躲避猛獸而不得不迅速逃跑，所以，人便養成了一種強壯的、幾乎不會改變的體質。兒童一出世就承繼了父母的優良體質，並在賦予他們這種體質的環境中不斷磨練，因而獲得了人類特有的生產能力。自然對待他們，恰如斯巴達的法律【2】對待公民的兒童一樣，他們只留下那些生來體格健全的幼兒加以培養，使他們變成強壯有力的人，而殺掉其餘體質弱的孩子。這是和我們的社會不同的，在我們的社會裡，國家使幼兒成爲父母的負擔，因而在幼兒未出生以前，就不分優劣地把他們置於死地了。

原始人的身體，是他自己所認識的唯一工具，他把身體用於各種不同的用途。而我們由於缺乏鍛鍊，已不能像他那樣使用自己的身體了。現代技術使我們已經沒有原始人因實際需要而養成的那種體力和敏捷。假如已經有了斧頭，他還能用手腕去折斷那麼粗大的樹枝嗎？假如已經有了投石器，他還能那麼有力地用手投擲石頭嗎？假如已經有了梯子，他還能那麼輕捷地攀援樹木嗎？假如已經有了馬，他還能跑得那麼快嗎？如果一個文明人有充分的時間把這一切工具蒐集在自己身旁，毫無疑問，他會很容易地戰勝原始人。但是，如果你有心觀看一個更不勢均力敵的戰鬥，使這兩種人赤身露體、赤手空拳的較量一番，你馬上就會承認：一個隨時全力以赴、隨時準備應對一切變化，甚至本身自始至終就具備了一切力量的那一個人，占著何等的優勢。

霍布斯[3]認爲，人類天生是大膽的、爭強好勝的、喜歡打鬥的。另一位著名的哲學家[4]的想法則恰恰相反，這位哲學家認爲（康貝爾蘭德和普芬道夫[5]也同樣地斷言說），沒有比在自然狀態中的人更膽小的了，他一聽到輕微的聲音或望到微小的動作，就會嚇得發抖並準備逃跑。在他遇到不認識的事物時，這種情況可能發生。我也絕不懷疑，當他不能分辨這種景象到底對他本身有益或有害，也不能把他自己的力量和他要冒的危險加以比較時，他會被任何一種新奇景象嚇倒。但這種情形在自然狀態中，畢竟是很少見的。在自然狀態中，一切事物都按照單純的方式進行著，大地上也不會發生突然的或者持續不斷的動盪。可是，分散地生活在野獸中間的原始人，很早就和野獸進行過搏鬥。因此，他很快就與野獸作了比較，當他逐漸感覺到他在智巧方面勝過野獸的程度，遠遠超過野獸在力量方面勝過他的時候，他就知道不必再懼怕野獸了。如果讓一隻熊或一隻狼去和一個粗壯、敏捷、勇敢（所有的原始人都是這樣），且用石頭和棍子武裝起來的野蠻人搏鬥，你將會看出，至少是雙方都有生命的危險，而且經過許多次這樣的試驗之後，素來不愛相互攻擊的野獸，也不太願意對人進行攻擊，因爲牠們終於發現人和牠們是同樣的凶猛。至於有些動物，牠們在力量方面勝過人的程度，確實超過人在智巧方面勝過牠們的程度，那麼，原始人在牠們面前，就和其他比較弱小的動物處於相同的境地，不過即使如此，他們也能生存下來。而且原始人還有一個優勢，即奔跑起來，人和其他動物同樣敏捷，並且可以在樹上找到一個相當安全的避難所，當他和野獸相遇的時候，可以自由選擇搏鬥或逃避。再說，無論哪一種動物，除非在自衛或特別飢餓的情形下，好像都不是天然就好和人搏鬥的，也絕不會對人表示那樣強烈的反感，這種反感好像表明一種動物注定要成爲另一種動物的食物。

然而，人類還有另外一些更可怕的、沒有適當方法可以防禦的敵人，那就是幼弱、衰老和各種疾病等天然缺陷。這些都是人類弱點的不幸證據，其中前兩種是各種動物所共有的，而最後一種主要存在於社會狀態中的人身上。關於幼弱問題，我曾觀察到，人類中母親可以隨身攜帶自己的幼兒，因此她餵養幼兒，就比那些必須忙碌不堪往來於覓食和餵養孩子之間的動物母親便利得多了。固然，如果母親一旦死亡，孩子便很有可能跟著死亡，但是這種危險，是所有動物所共有的，因爲在能養活自己之前，幼崽總有一段時間要依賴母親。而人類的幼弱時期雖然較長，但壽命也比較長，因此，在這一點上，人和其他動物差不多是相等的，雖然在幼年發育期的長短、幼兒數目的多寡上，還存在著別的規律，但這不是我所要研究的問題。在老年時，人類活動減少，分泌物也減少，對食物的需求也隨著覓食能力的下降而減少。雖然由於他們所過的生活，原始人不會得風濕病和關節炎，但衰老卻是人面對的最無力解除的一種痛苦。因此，老人們終於無聲無息地逝去，沒有人會注意到，甚至連他們自己也不會意識到。

關於疾病，我不想重複大多數身體健康的人所發的反對醫學的膚淺荒謬的言論。但是我要問一問，是否有某種確鑿的證據，能夠證明在醫學最不發達的地方，人們的壽命要比醫學最發達的地方的人們要短？倘若我們自己給自己造成的疾病比醫學所能提供給我們的治療方法還要多的話，那應當怎樣解釋呢？生活方式上的極度不平等，一些人的過度閒逸，另一些人的過度勞累；食欲和性欲的易於激起與易於得到滿足；富人們過於考究的食品，供給他們增加熱量的養分，同時卻使他們受到消化不良的苦痛；窮人們的食物不但粗劣，甚至還時常缺乏，以致一有機會他們就暴飲暴食，因而傷害脾胃，再加上熬夜、不節制、各種情欲的放縱、體力的疲勞和精神的衰竭，與各種生活條件下數不清的痛苦和焦慮摻雜在一起，使人們難享片刻安寧。這一切都是不幸的憑證，足以證明人類的大部分不幸都是人類自己造成的；同時也證明：如果我們想要擺脫這些，我們就要始終保持自然給我們安排的簡樸、單純、清淨的生活方式。如果自然曾經注定了我們是健康的人，我幾乎敢於斷言，思考是違反自然的一種狀態，而一個思考著的人必定是一種痛苦的動物。當人們想到原始人——至少是沒有被我們的烈酒損壞的那些原始人——的優良體質時，當我們知道他們除受傷和衰老以外幾乎沒有任何其他不適時，我們便不得不相信：人類文明的發展史，就是人類的疾病史。至少柏拉圖是這樣認爲的，他曾根據波達利爾和馬卡翁兩人在特羅瓦城被圍時所使用過或讚許過的一些藥物來推斷說，這些藥物所引起的各種疾病，當時尚未被人們所認識。塞爾薩斯【6】也說過，希波克拉底【7】發明的節食療法對於現在的人們仍是非常有用的。

處在自然狀態中的人，既然疾病的來源那麼少，那麼，幾乎不需要藥物，尤其不需要醫生。他們在這方面與動物差不多。從獵人那裡我們不難了解，他們在打獵的時候，是否遇到過很多有殘疾的動物。他們曾經遇到不少的動物受過嚴重的創傷但傷口已經結疤，有的曾經折斷了骨頭甚至是四肢，但牠們無須任何外科手術，時間自會治癒傷口。除平常生活外，也無須任何護理。牠們不用忍受手術的痛苦，不受藥品的毒害以及忌食的折磨，但牠們照樣能夠痊癒。總之，無論精良的醫術，對於我們能有多麼大的效用，原始人在生病時雖只能依靠自然，但他們除自己的疾病外，別無畏懼，他們的生存狀態令人嚮往。

因此，我們應當避免把原始人和我們目前所見的人混爲一談。自然用一種偏愛來對待所有在它照管之下的那些動物，這種偏愛好像是在表示自然如何珍視它對這些動物加以照管的權利。在森林裡的馬、貓、雄牛甚至驢子，大都比豢養的更高大，有更強壯的體質，更多的精力、體力和膽量。牠們一旦被馴養，便失去大半的優點。而且可以說，我們照顧和飼養這些牲畜的一切細心，結果反而使牠們趨於退化。人也是這樣，在他變成社會的人和奴隸的時候，也就成爲衰弱的、膽小的、卑躬屈節的人。他的安樂而萎靡的生活方式完全消磨了他的力量和勇氣。而且原始人和文明人之間的差異，比野生動物和馴養動物之間的差異還要大。因爲自然對人和動物一視同仁，而人卻透過使自己沉溺於比他們馴養的動物更安逸的生活而退化得更爲顯著。

所以沒有衣服、沒有住處、沒有那些在我們看來是那麼必需的一切，對原始人來說並不是多大的不幸，這些也不會對他們的生存造成威脅。他們雖然沒有毛髮覆蓋身體，那是因爲生活在溫暖地方的他們沒有這樣的需要，倘若生在寒冷地帶，他們很快就會學會利用所捕獲的野獸的皮毛。他們用雙腳奔跑，用雙手保護自己，獲取食物。他們的幼兒也許很晚才會走路，而且走起來頗爲困難，但是母親能輕易地攜帶幼兒，這是其他動物所沒有的一個優勢。在受到追逐時，動物母親便不得不拋棄牠的幼崽或放慢腳步和幼崽一起跑。總之，除非遇有我在下面所要談到的那些情況[8]（這些情況很可能永不發生）稀有的、偶然的會合，無論如何我們會很容易明白：第一個爲自己製作衣服或建造住處的人，實際上不過是給自己創造了一些很不必要的東西。因爲在此以前沒有這些東西，他也照樣生活，而且我們不能理解爲什麼他在長大以後，反而不能忍受他自幼就能忍受的那種生活。

孤獨的、清閒的並且時常會遇到危險的原始人，必定喜歡睡覺——如同其他不大用思想的動物一樣——可以說，在不思想的時候，總在睡眠，而且容易驚醒，因爲自我保存幾乎是他唯一關心的事情。他必須經常鍛鍊攻擊和防衛的能力，要麼用於捕獲獵物，要麼防止自己成爲其他動物的獵物。相反的，原始人那些享受安逸和情欲的器官必然極度不發達，與任何精緻的東西都不相容。因此，他的各種感官就分化爲兩種迥然不同的情況：觸覺和味覺極端遲鈍，視覺、聽覺和嗅覺則最敏銳不過。這是動物的一般狀態。據旅行家們的記載，這也是大部分原始人的狀態。所以我們絲毫不必感到驚訝：爲什麼好望角的霍屯督人能用肉眼發現海上的船隻，而荷蘭人用望遠鏡才能看得一般遠；爲什麼美洲的野蠻人像最好的獵狗一樣，能夠由足跡嗅出西班牙人的行跡；爲什麼所有這些原始人，不因裸體而感到痛苦，能吃下大量的辣椒，並且像喝水一樣飲下歐洲人的烈酒。

直到這裡爲止，我只從生理方面對原始人進行了研究，下面我將談論原始人的精神和智力。

在我看來，任何一隻動物都是一部精巧的機器，自然給這部機器一些感官，使牠自己活動起來，並在某種程度上對一切企圖毀滅牠或干擾牠的東西實行自衛。人也是這樣的機器，但不同的是：在運作動物這部機器時，自然支配一切，而人作爲一個自由主動者，在運作機器和形成性格上享有一部分權利。動物根據本能決定取捨，而人則通過自由行爲決定取捨。因此，動物不能違背自然給牠規定的規則，即使那樣做對牠有利。而人則是即使對自己有害，卻常違背這種規則。正因爲這樣，一隻鴿子會餓死在盛滿美味肉食的大盆旁邊，一隻貓會餓死在水果或穀物堆上，其實這兩種動物，如果想到去嘗試一下，並不是不能以牠們所不喜歡的食物維生的。也正因爲這樣，一些生活放蕩的人，才會沉溺於招致疾病或死亡的種種淫樂，因爲精神能使感官遭受損害，當自然的需要已經得到滿足的時候，意志卻還提出要求。

一切動物，既然都有感官，也就都有觀念，甚至還會把這些觀念在某種程度上聯結起來。在這一點上，人與動物不過是程度之差。某些哲學家甚至進一步主張，人與人之間的差別比人與動物之間的差別還要大。因此，在一切動物之中，區別人主要特點的，與其說是人的悟性，不如說是人的自由主動者的資格。自然支配著一切動物，動物總是服從；人雖然也受到同樣的支配，卻認爲自己有服從或反抗的自由。而人特別是因爲他能意識到這種自由，因而才顯示出他精神的靈性。物理學也許能在某種程度上解釋感覺的機制和觀念的形成，然而在這種意志能力或者說選擇能力，以及對這種能力的認識方面，我們只能發現一些純精神性的活動，這些活動都不能用力學的規律來解釋。

但是，儘管圍繞著所有這些問題的種種疑難之點，使我們在人與動物之間的區別上還有爭論的餘地，然而另外有一種區分二者的差別，並且在這一點上是沒有爭議的，那就是自我發展的能力。這種能力是人類所共有的、與生俱來，借助於環境的影響，人類透過這種能力不斷地促進所有其他能力的發展。動物卻與之相反，牠們在最初幾月就會長成牠終身不變的那個樣子，即使再過一千年也仍然和這一千年開始的時候完全一樣。爲什麼只有人類會衰老糊塗呢？是不是人類因此又返還到他的原始狀態呢？動物之所以永遠保持著牠的本能，是不是因爲牠既毫無所得，也就毫無所失？而人類一旦年老或發生事故就會失去曾使他們成長的優良品質，從而墮入比動物還不如的狀態呢？如果我們不得不承認：這種特殊而幾乎無限的能力，正是人類一切不幸的源泉；正是這種能力，借助於時間的作用使人類脫離了他曾在其中度過的安寧而純樸的歲月的原始狀態；正是這種能力，在各個時代中，使人顯示出他的智慧和謬誤、邪惡和美德，終於使他成爲人類自己的和自然界的暴君，這對我們來說，就未免太可悲了。奧里諾科河沿岸的居民，用木片貼在他們小孩的太陽穴上，認爲這樣至少可以保持小孩一部分的純樸無知和本來的幸福。如果我們不得不把這種辦法的創始者歌頌爲造福人群的人物，這就未免太可怕了。

在自然的支配下，原始人僅服從於他的本能，或者更確切地說，自然爲了補償原始人在本能方面可能有的缺陷，賦予他一些能力，這些能力首先可以彌補他的缺陷，而後還可以將其提高到遠遠超過本能狀態之上。因此，原始人最初所具有的只是一些純動物性的能力。視覺和感覺也許是原始人最基本的能力，這與其他動物一樣。直到新環境激發他的能力之前，願意和不願意、希望和畏懼可能是他最初的和幾乎僅有的精神活動。

無論倫理學家們怎樣主張人的認知的發展在很大程度上依賴於情感，同樣情感也在很大程度上依賴於悟性。由於情感的活動，我們的理性才能夠趨於完善。我們之所以求知，無非是因爲希望享受，很難想像一個既沒有欲望也沒有恐懼的人肯費力去思考。情感本身來源於我們的需要，而情感的發展則來源於我們的認識。因爲人只在對某些事物能夠具有一定觀念的時候，或者是由於單純的自然衝動，才會希望或畏懼那些事物。原始人由於缺乏各種智慧，只有自然衝動的欲望，他所追求的絕不會超過他的生理需要。在這世界上，他所知道的只有食物、異性和休息，他所畏懼的就是疼痛和飢餓。我說疼痛，而不說死亡，是因爲沒有動物知道死亡是怎麼一回事；對死亡的認識和恐懼，乃是人類脫離動物狀態後最早的「收穫」之一。

如果有必要，我可以很容易的找到事實來支持我這種看法。在世界各民族中，智慧的進步，恰恰是和各族人民的天然需要，或者因環境的要求而必然產生的需要成正比的，因此也是和促使他們去滿足那些需要的種種欲望成正比的。我可以指出，埃及的藝術是隨著尼羅河的氾濫而產生並發達起來的。我可以追尋藝術在希臘的發展情況：各種藝術在阿提喀的沙灘和岩石間生根、發芽並長成參天大樹，卻無法在奧羅塔斯河肥沃的兩岸上存活。我還可以指出，北方的民族一般來說比南方的民族更爲勤勞，因爲如果不這樣，他們就不能生存下去。好像自然願意這樣調整事物以使他們趨於平等，在自然不願使土地肥沃的地方就賜予那裡的人們更多的智慧。

然而，即使不借助於歷史上不可盡信的證據也能看出，一切似乎都在剝奪原始人改變自身境遇的欲望和手段。他的想像不能給他描繪什麼，他的心靈不會向他要求什麼。由於他那有限的一點需要十分容易得到滿足，而他又遠沒有達到一定程度的知識水準，因而也沒有產生更多的欲望，所以他既不可能有什麼預見，也不可能有什麼好奇心。他越熟悉自然，越對此習以爲常。萬物的秩序、時節的運轉總是始終如一的。他沒有足夠的智慧來欣賞那些最偉大的奇蹟，即使他曾觀察過自己的日常生活，我們也不能設想他已有了人所必須具備的智慧。在他那什麼都攪擾不了的心靈裡，只有對自己目前生存的感覺，絲毫沒有將來的觀念，無論是多麼近的將來。他的計畫，也像他的眼光那樣局促，幾乎連一天以內的事情都預見不到。即使是現在，加勒比的土著人的預見程度，還是這樣。他們早上賣掉棉被，晚上爲了再去買回而痛哭，他竟連晚上還需要棉被都無法預見。

我們越對這一問題深思熟慮，便越會看出純粹的感覺和最簡單的知識之間的距離。很難想像，一個人僅靠自己的力量而不借助交流和需要的刺激就能越過這樣大的距離。多少世紀過去以後，人們才能夠看到雷電以外的火！在多少偶然的機會發生之後，人們才學會火的基本用法！在多少次之後，人們才獲得取火的技術！而且，也許這種祕訣不知曾經隨著發明者的死亡而消失過多少次！我們該怎樣看待農業呢？它要求那麼多的勞動和預見，它還依賴於許多別的技術。很明顯，只有建立了社會以後，至少是在已經開始建立了社會的地方才能夠產生這種技術。而且從事農業多半不是爲了從土地中獲得一些無須農業也會獲得的食材，而是要使土地生產一些最適合我們口味的東西。但是，假如人口過度繁衍，以致自然產品已經不足以養活他們（我順便指出，這種假定足以證明當時人們的生活方式是非常適合人類的）；假定雖然沒有煉鐵廠和製造廠，耕種的工具已由天上掉到原始人手裡；假定這些人已經克服了他們所普遍具有的、對於繼續不斷的勞動無比的厭惡；假定他們已經學會很早就預見到他們的需要；假定他們已經猜想出應該怎樣耕種土地、散播種子、栽植樹木；假定他們已經發明了磨麥和釀酒的技術（所有這些事情，想必是上帝教會了他們的，因爲很難想像人類最初自己怎麼能學會這些技術），即便是這樣的話，如果他們辛勤耕耘後的收穫，被第一個來到並且看上這些收穫的人或動物搶走，試問，誰還會那麼愚蠢，肯於自尋煩惱去耕種土地呢？尤其是當他們越是需要得到勞動的報酬卻越確定不能得到的時候，試問，誰還肯終生從事於艱苦的勞動呢？總之，在這種情況下，即在土地還沒有被分配，也就是說，自然狀態還沒有消滅以前，人們怎麼會願意耕種土地呢？

如果我們假定原始人在思維上已達到現代哲學家們所說的那種巧妙程度，如果我們也像哲學家們一樣把原始人也看成一個哲學家，能夠獨自發現最崇高的眞理，並且能夠透過一系列很抽象的推理，從對宇宙秩序的熱愛中，或從造物主所顯示出的意旨中，創造出智慧和理性的格言，簡言之，如果我們假定原始人原本就聰穎明智，而實際上，我們卻發現他是遲鈍而愚蠢的，那麼，人類從這種不能彼此交流並隨發明者的死亡而消失的智慧中，能得到什麼益處呢？散處在森林裡並雜居於動物之中的人類能有什麼進步呢？沒有固定住所，不需要彼此協助，一生之中彼此也許遇不上兩次，互不相識、互不交談的人們，他們能夠自我完善化和相互啓發到什麼程度呢？

設想一下，有多少觀念的產生應歸功於語言的使用？而語法對於鍛鍊和促進精神活動又起著多麼大的作用？試想一下，最初發明語言所應經歷的難以想像的困難以及所應花費的無限時間。根據這些假設和前面提到的種種假設，便可以判斷，要經歷多少千年漫長的歲月，人類才能逐漸發展出他所能進行的這些思維活動。

在這裡，我要用少許時間來思考語言起源上的一些難題，我想在這裡引證或重述一下孔狄亞克神父【9】對這個問題所做的研究就夠了。這些研究不但完全證實了我的觀點，也許還在最初啓發了我。但是從這位哲學家解決他在抽象符號的起源問題上給自己提出的難題時所採用的方法來看，顯然他把我質疑的問題當作了他假設的前提，即在創立語言的人們之間，一定已經有了某種社會聯繫，因此，我認爲在引用他的意見時，應當附加上我的意見，以便從適合於我的角度來加以說明同樣的難題。

首先呈現出的難題，是想像語言怎麼會成爲必要的。因爲，原始人之間既然沒有任何來往，也沒有任何來往的需要，則語言的發明並不是必不可少的，那麼，我們就無法設想這種發明的必要，也無法設想這種發明的可能。我同意一些人認爲語言是家庭成員在日常接觸中產生的觀點。但是這種說法，不但絲毫不能解決我們的疑問，而且還可能犯那些將社會狀態中的觀念硬搬到自然狀態中的人身上所犯的同樣的錯誤。

他們總以爲一個家庭住在一個屋簷下，家庭成員們彼此間保持著一種和我們現在一樣的親密而永久的結合，並有許多共同利益把他們結合起來。其實在原始狀態中，沒有住宅，甚至連茅屋也沒有，也沒有任何種類的財產，每個人隨便找一個地方休息，而且往往只住一夜。男女兩性的結合也是偶然的，或因巧遇，或因機緣，或因意願關係，並不需要語言作爲他們彼此間表達意思的工具。他們的分離也是同樣很容易的。母親哺乳幼兒，起初只是爲了她自己生理上的需要，後來在她習慣之後，她便覺得小孩可愛，才會因爲愛孩子而餵養他們。但是，孩子一旦長大，能夠獨立謀生後就毫不遲疑地離開母親，而且除非他們永不失散，能經常見面，才不會忘記彼此。否則，他們再見面時也不能認出彼此。

此外，我們還應當指明，小孩要向人表達他的許多需要，因此他想向母親說的事情比母親想向他說的還要多。對於發明語言盡最大努力的應當是小孩，並且他所使用的語言，大部分應當是出自他自己的創造。這樣，語言的種類勢必隨著以語言來表達意思的人數增加而增多，加上漂泊不定的生活，使得任何用語都沒有機會固定下來，這更助長了這種情況的發展。那種認爲是母親教導小孩學語言，使他用來向她表達他想要的東西的說法，固然足以說明人們怎樣傳授那已經形成了的語言，卻絲毫不能解釋語言是怎樣形成的。

但讓我們假定這第一個難題已經解決了，讓我們暫且不理會在純粹的自然狀態下與語言成爲必需之間的漫長時間，暫且承認語言產生的必要性，來研究語言如何能夠開始形成。這是比前一難題更不易解決的難題。因爲，如果說人們爲了學習思維而需要語言，那麼，他們爲了發明語言則更需要先學會如何思維。而且即使我們能夠想到發音語言是如何成爲解釋我們思想的約定工具，我們仍須進一步探討，當初對於那些不能感知的抽象物，既不能用手勢又不能用聲音表示出來的觀念，又將約定什麼樣的工具來傳達呢？關於這種交流思想和建立精神聯繫的藝術的起源，我們還難以做出任何合理的猜測。語言這一藝術如此高深，並早已遠離它的起源，可是哲學家們還在一個離這種藝術的完善狀態遙不可及的距離研究它，因而，沒有一個人大膽到敢於斷言這一藝術怎麼會終於達到它完善化的境地，即使伴隨時光流逝而發生的變化對這一藝術可能不發生任何影響；縱使學者們能夠摒棄所有偏見，甚至做到客觀公正；縱使學術界能夠毫不間斷地從事這個棘手問題的研究達數世紀之久，恐怕也沒有人敢作這種斷言。

人類最初的語言，也就是說，在人類還沒有必要用語言來勸誘大衆以前，所使用的最普遍的、最有力的、唯一的語言，就是自然的呼聲。因爲它是在緊急情況之下，由於一種本能而發出來的，它的用途不過是在大的危險中向人救助，或在劇烈的疼痛中希望減輕痛苦，所以在日常生活中，人們並不常常使用這種呼聲。當人類的觀念開始發展並逐漸增多時，人們的交往也更密切，他們便想制定更多的符號和更豐富的語言。他們增多了聲音的抑揚變化，並且加上了手勢。手勢按它的性質來說，有較強的表現力，也更少依賴於預先設定的含義。於是他們用手勢來表示那些可以看見和移動的事物，用聲音來模仿那些聽得見的事物。但是手勢除了表示眼前的和容易描繪的東西以及看得見的動作以外，幾乎不能表示其他事物，光線不足或事物的遮擋也會使手勢失去作用。而且，手勢只有引起別人注意的作用，而不能確保別人一定會注意到，所以不能普遍地使用；人們最終決定用發音的語言來代替手勢，聲音雖然與某些觀念並沒有同一的關係，但它們卻更適於作爲約定符號來代表所有這些觀念。不過這種約定完全透過人們的共識得以實現，而對於原始人來說，他們粗糙的沒得到多少練習的器官還不能適應這種情況，他們必然經歷了艱難困苦才達成共識。這種代替，其本身也是難以理解的，因爲要獲得一致同意就必須說明理由，那麼，在制定語言的時候，語言的使用似乎是已經成爲十分必要的了。

我們可以合理地設想，人們最初所使用的詞，比語言已經形成後人們所使用的詞，在他們心靈中的意義要廣泛得多。而且最初他們不曉得把詞句的各個構成部分加以區分，所以賦予每一個詞以一整個句子的意義。當他們開始把主語和賓語分開、動詞和名詞分開的時候，那已顯示出非凡的天賦了。名詞最初只是一些專門名詞，動詞只有現在時態。而形容詞概念的發展一定經歷了更艱苦的努力，因爲形容詞都是一些抽象的詞，而對事物加以抽象化，是一個既費力又不自然的過程。

最初每個物體只取得一個特有的名稱，不管屬性和種類，因爲屬性和種類是最初創立名詞的人所不能區分的；而所有的個體都按照它自然的樣子單獨反映在他們的頭腦中。如果一棵橡樹叫作甲，另一棵就叫作乙，因爲最初人們認爲這是兩個不同的事物。人們常常需要很多的時間才能觀察出它們的共同點。因此，人們的認識越具有局限性，他們所創造的詞語就越龐雜。這種分類命名的困難是不容易解除的，因爲要給萬物分類命名就必須認識各種事物的特性，這就需要判斷和定義。也就是說，需要遠比那時的人類所擁有的更深厚的自然知識和抽象概括能力。

此外，不借助詞語，人就不能形成概念，而理解概念也必須透過詞句。這就是動物之所以既不能形成這樣的觀念，也永遠不能獲得依存於這種觀念的自我完善化能力的原因之一。當一隻猴子毫不猶豫地丟下這一顆堅果去摘另一顆堅果時，我們能認爲牠明白堅果的一般含義並能用這個含義和兩個具體的堅果作比較嗎？當然不能。不過牠看見這一顆堅果，不免就想起牠接觸另一顆堅果所得到過的感覺；牠的眼睛因爲接收到一定的印象，於是預示牠的味覺行將嘗到一定的滋味。每個概念都是純抽象的，稍一摻上想像，概念立刻變成具體的事物了。如果你想在頭腦中描繪樹的一般形象，你永遠描繪不成功。無論你願意與否，你必須想像一棵樹，矮小的或高大的，枝葉稀疏的或茂密的，淺色的或深色的；如果你想僅僅看到一切樹木所具有的共同點，那麼，你所得到的形象便不會像一棵樹了。認識純粹抽象的存在物也只能通過這一種方法，即只能求助於語言。僅僅一個三角形的定義，就可以給你關於三角形的一個眞實觀念，但當你想像一個三角形時，你想出的一定是一個具體的三角形。而且你不可避免地要賦予這個三角形具體的線條和特定的顏色。因此，我們必須使用詞句和語言來形成概念。因爲想像一停止，我們只能借助於語言來思考。那麼，如果最初發明語言的人只能給他們已經具有的觀念一些名稱的話，則最初的名詞只能是一些專有名詞。

但是當最早的文法學家，用我所不能理解的方法，開始擴大他們的觀念和概括詞語的時候，發明者的無知必然會使這種方法的應用局限於狹隘的範圍。並且，起初由於不認識屬性和種類，他們創造出了過多的個體名稱，而後他們又由於不能認識事物之間的差別，因而只能做簡單的分類。要把分類工作進行得相當精細，就必須有比他們實際有的還要多的智慧和經驗，就必須付出更多的艱苦努力和探索。如果直到今天，我們還能不斷發現新的種類的話，試想應該有多少種類被那些只就最粗淺的外表來判斷事物的人忽略了呢！更不用說有多少原始類別和最普通的概念被他們同樣忽視了。比如說，他們是怎樣設想或理解「物質的」、「精神的」、「實體的」、「語氣的」、「形象的」以及「動作的」等詞的呢？即便是現在那些經常使用這些詞語的哲學家理解這些詞都頗爲困難，況且這些概念本身的含義就是極度抽象的，它們在現實中找不到任何原型。

我暫且請列位評判員們停止閱讀，僅就物質名詞的創造，也就是說語言中最簡單的部分來考慮一下，要使用精確的語言和固定的形式來表達想法，要使語言能滿足工作的需要並且對社會產生影響，還有多少路程要走呢？請你們想想，要發明數字、抽象名詞、過去式和動詞的各種時態、冠詞、句法，要連接詞句、要進行推理、要形成言辭的全部邏輯，曾經需要多少時間和知識呢？至於我，已被越來越多的困難嚇住了，我相信：單憑人類的智慧就能建立起語言體系幾乎已被證明是不可能的事。我把這樣一個難題留給願意從事這種研究的人去討論：社會的存在對於語言的產生和語言的產生對於社會的建立相比，究竟哪一個更爲必要呢？

無論語言和社會是怎樣起源的，但就以相互需要來聯結人們並使人們易於使用語言這一點來看，自然幾乎沒有爲人們提供多少社會性，而在人們爲建立彼此的聯繫所做的一切努力中，自然也沒對人有多少的幫助。事實上，我們很難想像在原始狀態中，一個人對另一個人的需要，會比一隻猴子需要另一隻猴子，或是一匹狼需要另一匹狼更爲迫切。我們即使承認這個人有那樣的需要，那麼，什麼動機能使另一個人願意滿足他的需要呢？即使那個人願意滿足他的需要，他們彼此間又怎樣能在條件上達成協議？這也都是不可想像的事。我知道有人常常對我們說，沒有比原始狀態中的人更悲慘的了；事實上，如果眞像我認爲已經證明的那樣，人類只有經歷漫長的歲月後才能有脫離原始狀態的願望和機會，那我們就應當以此來控訴自然，而不是自然不幸創造出來的人類。但如果我們對所謂「悲慘」一詞有正確理解的話，它或者是一個毫無意義的詞，或者不過是指一種令人難以忍受的貧困和身體上或精神上的痛苦。那麼，我很願意有人能夠說明，一個自由的、心靈安寧的、身體健康的人會遭受什麼樣的悲慘呢？請問哪一種生活——社會的生活還是自然的生活——最易於使享受這種生活的人終於會覺得難以忍受？在我們周圍，我們差不多只看見抱怨人生的人，甚至很多人情願拋棄自己的生命，即使所有神的法律和人的法律都結合起來也無法制止這種混亂。請問，是否有人聽說過一個原始人會抱怨人生或者想到自殺呢？那麼，請稍稍放下我們的自尊心來判斷一下，什麼是眞正的悲慘。相反的，如果原始人被智慧所迷惑，被情欲所困擾，總是糾纏於探索一種異己的狀態，那才眞是再悲慘不過的。這也可以說是出於神意的一種極爲明智的措施：使人類所有的潛能只能在合適的時機才得以發展，以便使這些能力既不至於因發展得過早而成爲多餘的負擔，也不至於因發展得過遲而不能滿足後來的需要。原始人的本能即具有了生活於自然狀態中所需要的一切，而要在社會中生活，他就需要逐漸發展智慧了。

最初，自然狀態中的人類好像彼此間沒有任何道德上的關係，也沒有人所公認的義務，所以他們既沒有好壞之分也沒有善惡之別。除非我們從生理意義上來理解這些詞，把那些對人的生存有利的性質叫作美德，而把那些對人的生存有害的性質叫作邪惡。在這種情形下，就應該把對於單純的自然衝動最不加以抵抗的人叫作最有道德的人。但是如果我們不離開這些詞的通常意義，便不應急於對這種狀態做出判斷，也不要固執己見，應當不偏不倚地衡量一下，是否在文明人中間，美德多於邪惡？或者他們的美德給他們的好處是否比他們的邪惡帶給他們的損害還多？或者當他們逐漸學會彼此愛護的時候，知識的進步是否就足以彌補他們彼此之間的傷害？或者總的說來，是在他們既不互相畏懼又對彼此無所要求的時候，還是在他們相互依賴、彼此負有一切的義務而別人對他們無所回報時，人們感覺更幸福呢？

我們不能像霍布斯那樣做出結論說：人天生是惡的，因爲他沒有任何善的觀念；人之所以邪惡，是因爲他不知美德爲何物；人從不肯爲同類服務，因爲他不認爲對同類負有這種義務。我們也不可像霍布斯那樣下結論說：人有權得到他想要的任何東西，甚至愚蠢地認爲自己是全世界的主人。

霍布斯雖然很清楚地看出所有關於自然法的現代定義的缺點，但是他從自己的定義中所推出的那些結論便足以說明，他對這一定義的理解也同樣是錯誤的。按照他所建立的原則來進行推理，本該得出這樣的結論：因爲原始狀態的每個人都只關心自己的生存，這是對他人最無害的一種狀態，所以這種狀態最能保持和平，對於人類也是最爲適宜的。可是他所得到的結論恰恰與此相反，因爲他把滿足無數欲望的需要，不適當的摻入原始人對自我保存的關心中，其實這些欲望乃是社會的產物，正因爲有這些欲望才使法律成爲必要的。霍布斯認爲：惡人是一個強壯的嬰兒。我們還須進一步了解，原始人是不是一個強壯的嬰兒呢？如果我們承認原始人是一個強壯的幼兒，那又會得出什麼結論呢？假如這個人強壯時也能依靠他人生活，那麼他就可以肆無忌憚地任意妄爲了。他會因母親未及時哺乳而打她，會因弟弟討厭而虐待他，會因別人碰撞了他或攪擾了他而咬別人的腿。但是，一個人既是強壯的而同時又依賴於人，這乃是自然狀態中兩個相互矛盾的假設。當一個人依賴於人的時候，他是軟弱的；而他一旦強壯起來，他就要自力更生。

霍布斯沒有看到：我們的法學家們所主張的阻止原始人使用智力的原因，恰恰也就是霍布斯自己所主張的阻止原始人濫用自己的強力原因。因此，我們可以說，正因爲原始人不知道什麼是善，所以他們也不是惡的。因爲阻止他們作惡的，不是智慧的發展，也不是法律的約束，而是情感的平靜和對邪惡的無知，「一個人從對邪惡的無知中得到的好處，遠遠大於他從對美德的認識而得到的好處」。

而且，另外還有一個原理，是霍布斯沒有看到的：由於人類看見自己的同類受苦天生就有一種反感，從而使他爲自己謀幸福的熱情受到限制。這種人類天生具有的同情心，在一定程度上減緩了他強烈的自尊心，或者在這種自尊心產生以前，減緩了人們對自我生存的強烈關注以及對追逐自身利益的巨大熱情。我認爲這是人類所具有的唯一的自然美德，就是對人類的美德最激烈的毀謗者也不得不承認它的存在，因此，我不相信會有任何非難之可怕。我所說的同情心，對於像我們這樣脆弱並多災多難的生物來說，確實是一種頗爲適宜的品質，也是人類最普遍、最有益的一種美德，尤其是因爲憐憫心在人類能運用任何思考以前就存在著，又是那樣自然，即使動物有時也會顯露出一些跡象。姑且不談母親對孩子的溫柔，在遇到危險時會奮不顧身地保護自己的孩子。就是一匹馬也不願意踐踏一個活的東西。一個動物從牠同類的屍體近旁走過時，總是很不安的。有些動物甚至還會把已死的同類做某種方式的埋葬；而每一個牲畜走進屠宰場時發出的哀鳴，那正表明牠對看到的景象感到的可怕。我們很高興看到《蜜蜂的寓言》【10】的作者也不得不承認，人是容易受感動而有同情心的生物。他改變了他那一向冷峻而細緻的文筆，在他所舉的例子中給我們呈現出一個動人的情景。他描寫了一個被幽禁的人，望見囚室外面的一隻猛獸，從母親懷抱裡奪去了一個幼兒。在牠傷人的利齒間，咬碎了那個脆弱的肢體，用牠的爪子撕開了那個尚在跳動著的心臟。雖然這件事與他毫不相干，但他仍覺得驚心動魄！目睹這種悲慘景象，對於昏了過去的母親和垂死的嬰兒都不能予以任何幫助，他又該如何的焦急不安！

這就是自然純眞的感情，它先於一切思考而存在；這就是自然的同情心的力量，即使最壞的風氣也不能把它毀滅。在劇院中，我們天天可以看到一些人爲了劇中不幸者的悲慘遭遇，在那裡傷心落淚，其實倘若這些人自己做了暴君，還會加重對他們的敵人的虐待。正如嗜殺的蘇拉，對於不是由他自己所造成的痛苦，也非常傷感；又如菲爾王亞歷山大不敢去看任何悲劇的演出，怕人們會看見他和昂朵馬克與普里亞莫一同歎息；但當他聽到每天因執行他的命令而被處死的那麼多人的呼號時，卻絲毫無動於衷。

「自然既把眼淚賦予人類，就意味著它曾賜予人類一顆最仁慈的心。」【11】

曼德維爾已經感覺到，如果自然不曾給人類的理智加上同情心，則人們儘管具有一切的道德，也不過是一些怪物而已；但曼德維爾沒有看到，他所否認的那些美德正是從同情心理發展而來的。其實，除了對弱者、罪人或對整個人類所懷有的憐憫心外，還有什麼可以稱爲仁慈、寬大和人道呢？所謂關懷、友誼，如果正確地去理解，也不過是對某個特定對象的持久的同情心；因爲希望一個人不受任何痛苦，不是希望他幸福還是什麼呢？即使同情實際上也不過是使我們設身處地地與受苦者產生共鳴的一種情感（這種情感，在原始人身上雖是模糊不清的，卻是很強烈的；在文明人身上雖然有所發展，但卻是微弱的）。這種說法，更充分地證實了我的觀點。實際上，旁觀的動物對受苦的動物所產生的共鳴越深切，同情心就越強烈。那麼，十分明顯，這種共鳴，在自然狀態中遠遠比在理性狀態中更爲深切。產生自尊心的是理性，而加強自尊心的則是思考。理性使人關注自我，遠離一切對他有妨礙和使他痛苦的東西。哲學使人孤立自我，正是由於哲學，人才會在一個受難者的面前暗暗地說：「你要死就死吧，反正我很安全。」只有整個社會的危險，才能攪擾哲學家的清夢，使他從自己的美夢中清醒。殺人者在窗外肆無忌憚地殺害他的同類時，他所做的也只是雙手掩住耳朵，替自己稍微辯解一下，就可以阻止由於天性而在他內心激發出來的對被害者的同情。原始人絕沒有這種驚人的本領，由於缺乏智慧和理性，他總是不假思索地服從於人類的原始感情。當發生騷亂時，或當街頭發生爭吵時，民衆蜂擁而至，謹愼的人們則匆匆走避；而制止混亂、疏散人群的正是那些所謂的暴民和市井婦女。

因此我們可以肯定地說，同情心是一種自然的情感，由於它能夠緩和個人強烈的私心，所以對於人類全體的相互保存起著協助作用。正是這種情感，使我們不假思索地去援救我們所見到的受苦的人；正是這種情感，在自然狀態中起著法律、風俗和道德的作用，而且這種情感還有一個優點，就是沒有一個人企圖抗拒它那溫柔的召喚。正是這種情感使得一切健壯的原始人，只要有希望在別處找到生活資源，就絕不去掠奪幼弱的小孩或衰弱的老人艱難得來的東西。正是這種情感以「做對自己有利的事情，儘量不要去傷害別人」這句合乎善良天性的格言來啓示所有的人，而不是另一句更富有理性正義的崇高格言「你希望別人怎樣對你，你就該怎樣對別人」，前一句格言遠不如後一句完善，但也許更爲有用。總之，我們與其在那些高深的論證中，不如在這種自然情感中，去探求任何一個人在作惡時，即使他對於教育的格言一無所知，也會感到內疚的原因。雖然蘇格拉底和具有他那種素質的人能夠通過理性獲得美德，但如果人類只以人的理性爲生存之本的話，那人類也許早已不復存在。

原始人沒有很強烈的情欲，同時又受到同情心的約束，所以與其說原始人是邪惡的，不如說他們是粗野的；與其說他們有意加害於人，不如說他們更注意防範可能遭到的侵害，因此在原始人之間不易發生十分危險的爭執。因爲他們之間沒有任何種類的交往，所以他們不知道什麼叫作虛榮、尊崇、重視和輕蔑。他們絲毫沒有「你的」和「我的」這種概念，也不知正義爲何物。他們認爲暴力不過造成了一些容易復原的傷害，而不認爲是一種應予懲罰的侮辱。他們甚至連報復的念頭都沒有，除非當場機械地反抗，就像狗呑咬向牠投擲的石頭一樣。由於以上原因，他們爭執的對象，如果不比食物更令人動心的話，爭執很少會成爲流血的衝突。然而確實有一種比較危險的爭端，還須加以說明。

在人類各種強烈的欲望中，男女相互吸引的那種情欲，是最熾熱也是最激烈的。這種可怕的情欲能使人不顧一切危險，衝破一切障礙。當它達到瘋狂程度的時候，彷彿足以毀滅人類，而它所負的天然使命本是爲了保存人類的。如果人們沉溺於這種殘暴貪婪的情欲之中變得不知羞恥、毫無節制，每天不惜流血互相爭奪他們所愛的對象，人類將會變成什麼樣子呢？

我們首先應該承認，情欲越強烈，便越需要法律的約束。但是，這種情欲每天在我們當中所引起的混亂和所造成的罪惡，已足以證明法律在這方面力量的薄弱。此外，我們還應當進一步考察，這種混亂是否是伴隨著法律一起產生的。如果是的話，即使法律能夠制止這種混亂，但是，如果我們要求法律來制止沒有法律根本就不會存在的禍害，那未免是向法律提出最無意義的一種要求。我們首先要區分生理上的愛和精神上的愛。生理方面的愛，是人人所具有的和異性結合的欲望。精神方面的愛，則是把這種情欲限定在一個特定的對象上，或者至少是以比較強烈的欲望來特別喜愛某一對象。因此，很容易看出，精神之愛具有社會意圖，婦女們極力頌揚這種情感，以便建立她們的權威，使本來應該處於服從地位的女性處於統治地位。這種情感建立在對美和價值的特定認識上，而原始人不會有那些觀念，也絕不會做那些比較，所以這種情感對原始人來說幾乎是不存在的。因爲在原始人的思想裡，不會構成勻稱與調和等抽象觀念，所以在他的心裡也不會有什麼讚賞和愛慕的情感，因爲這些情感也是在這些抽象概念形成後才產生的。原始人只受他的自然秉性的支配，並不能產生他無法了解的那些品味，所以任何女人，對他說來，都是同樣合適的。

僅擁有勝利之愛的原始人，是相當幸福的，他們對於那些能激起人們難以滿足的所謂更高級的愛情一無所知，所以他們的感情衝動不會太頻繁、太激烈，他們之間的爭執因而也較少，而且也不那麼殘酷。在我們之間造成無數煩擾的那種欲念，是不會侵襲原始人的心靈的。每個原始蠻人只是靜候著自然的衝動，當他服從這種衝動的時候，對於對象並無所選擇，他的心情與其說是狂熱的，不如說是愉快的，需要一經滿足，欲望便完全消失了。

所以，愛情也和其他一切情欲一樣，只是在社會中才會變得瘋狂，給人類帶來災難。此外，如果我們認爲原始人爲了滿足獸性，而不斷地相互殘害，那是很荒謬的，因爲這種想法與經驗正好相反。例如，迄今爲止最接近原始人的加勒比人，儘管他們生活在炎熱地帶，按氣候對他們的影響來說，應該有很強烈的情欲，但他們在愛情生活上卻是最安寧的，很少因嫉妒而引起紛爭。

在許多種類的動物中，由於雄性爭奪雌性而發生的爭鬥，往往使我們的養禽場塗上血跡，或者在春天的樹林裡爭吵。在從動物推斷到人時，我們首先應當排除這些種類的動物，因爲自然賦予這些動物雌雄之間的對比情況顯然不同於人類。在這些動物中，可以清楚地觀察到兩性的對比。造成雄性相鬥的原因，不外是由於雌性較少，或者是由於雌性有一段時間拒絕與雄性交配。後一個原因終要歸結爲前一個原因，因爲假使每個雌性每年與雄性接近的期間只有兩個月，結果就等於雌性數目減少了六分之五。

然而，這兩種情形，沒有任何一種可以適用於人類。在人類中，女性數目通常是超過男性的，即使在原始人當中，我們也從來不曾見過女性像別種動物那樣，有發情期和排拒期。此外，在上述那些動物的若干種類中，往往整個種類同時進入發情期，於是就會有一個可怕的時期，充滿普遍的狂熱、叫囂、混亂和爭鬥。這種時刻在人類中絕不會發生，因爲人類的性欲並沒有週期性。所以我們不能由某些動物因爭奪雌性而進行的爭鬥，來推定自然狀態中的人類也會發生同樣的情形。即便我們能夠做出這樣的推斷，既然這種爭鬥不會使那些動物滅絕，也沒有理由認定它會給人類帶來更大的威脅。而且，顯而易見，這類爭鬥在自然狀態中所造成的禍害，比在社會狀態中所造成的禍害要少得多，尤其是比在道德尚被重視的國家中要少得多。在這些國家裡，情人的嫉妒和配偶的報仇式的決鬥、謀殺和更悲慘的事情每天都在發生。正是夫妻間永久忠實的義務促成通姦發生，正是那些關於貞操和榮譽的法律本身助長淫亂之風，增加了墮胎事件。

綜上所述，我們可以做出這樣的結論：漂泊於森林中的原始人，沒有勞役、沒有語言、沒有住所、沒有戰爭，彼此間也沒有任何聯繫，他對於同類既沒有任何需求，也無加害的意圖，甚至無須區分他的同類。這樣的原始人自給自足，清心寡欲，所以他僅有適合於這種狀態的感情和知識。他所感覺到的只限於自己的眞正需要，所關注的是那些必須關注的事物，他的智力發展也不超過他的幻想。即使他偶爾有所發明，也不能把這種發明傳授給別人，因爲他連自己的子女都不認識，技術會隨著發明者的死亡而消亡。在這種狀態中，既無所謂教育，也無所謂進步，下一代人不會比上一代人有所進步，每一代都從同樣的起點開始。許多世紀過去了，人類依然生活在原始狀態中；人類已經很古老了，但人始終還是幼稚的。

我之所以費了很多筆墨來闡述我所設想的原始狀態，是因爲在這一問題上有許多由來已久的錯誤觀念和根深蒂固的成見應當消除。因此，我認爲必須深入到問題的實質，通過對自然狀態的描述來證明：即使是自然的不平等，在這種狀態中，也不像近代學者所主張的那樣眞實和那樣有影響。

實際上，我們很容易看清，在那些區分人與人之間的各種差別中，有許多被認爲是天然的差別，其實這些差別完全是習慣和人們在社會中所採取的各種不同的生活方式所造成的。因此，一個人體質的好壞或力氣的大小，往往取決於他的教養方式是艱苦磨練還是嬌生慣養的，而不是取決於他的身體的先天稟賦。智力的差別也是如此。教育不僅能使受過教育的人和沒受過教育的人之間有差別，而且還隨著所受教育程度的不同而增大存在於兩者之間的差別。就像一個巨人和一個矮人，在同一道路上行走，二人每走一步，彼此之間的距離也就增大一些。自然狀態中的原始人和動物一樣，過著完全相同的單調生活，吃同樣的食物，過同樣的生活，便會了解人與人之間在自然狀態中的差別是多麼小，而在社會狀態中的差別是如何大，同時也會了解，自然的不平等在人類中是如何被人爲的不平等加深了的。

即使自然在給人分配天賦時，厚此而薄彼，但是在人與人之間幾乎不可能發生任何關係的環境中，那些得到自然偏愛的人，對於別人又有什麼損害呢？在沒有愛情的地方，美麗有什麼用呢？對於沒有語言的人，才智有什麼用呢？對於不互通交易的人，欺詐有什麼用呢？我經常聽人說，在原始狀態中，強者壓迫弱者，然而這裡的壓迫指的是什麼意思呢？一些人使用暴力來統治另一些人，後者呻吟著屈服於前者的統治之下，這正是我所觀察到的現在社會的情形，但是我不理解如何能據此推斷原始人也是這樣，因爲他們連了解什麼是奴役和統治都頗有困難。一個人很可能奪取別人摘到的果實、打死的禽獸，或者侵占別人用作躲避風雨的洞穴，但他怎樣能夠使別人服從他呢？如果沒有財產，人們之間怎麼會有依附關係呢？如果有人要從一棵樹上把我趕走，我可以離開這棵樹到另一棵樹上去，如果在某一個地方有人攪擾我，誰會阻擋我到別處去呢？有沒有這樣一個人，因爲他不但力量比我大，而且還相當腐化、懶惰、凶惡，竟至強迫我替他覓取食物，而他自己卻無所事事呢？那麼，這個人就必須下定決心時時刻刻注意著我，在他要睡覺的時候，還得十分小心地把我捆綁起來，免得我會逃掉，或者把他殺死。也就是說，他必須甘願讓自己陷入無窮無盡的麻煩之中，而這種麻煩遠比他自己想避免的和他所加給我的還要大得多。除此之外，他總會有放鬆警惕的時候，或者一個意外的聲音使他回一下頭，這時我只需走進樹林二十步遠，我的束縛就解除了，他一生再也不會看見我了。

這些細節，無須再加以贅述，每個人都會理解，只有在人們的相互依賴或者有共同的需要將他們結合起來的時候，奴役的關係才能形成。因此，如不先使一個人淪於要依靠別人才能生活的狀態，便不可能奴役這個人。這種情形在自然狀態中是不存在的。在那種狀態中，每個人都不受任何束縛，最強者的權力也不發生作用。

上述已證明了不平等在自然狀態中幾乎是人們感覺不到的，也幾乎對人類不存在影響。因而我還要進一步指出，在人類的智慧的連續發展中不平等的起源和進展。我已經指明原始人所擁有的自我完善、社會美德以及其他各種潛能，絕不能自己發展起來，而必須借助於許多外部原因的偶然會合。如果沒有這些原因，人類則會永遠停留在他的原始狀態。所以，我還必須對各種不同的偶然事件進行觀察和歸納，這些偶然事件也許發展了人類的智慧，同時也敗壞了整個人類。在使人成爲社會的人的同時，卻使人變成了邪惡的生物，最終使人類從遙遠的年代發展到今天的樣子。

我承認，因爲我要敘述的事件可能是以另一種方式發生的，所以我只能通過一些猜測來決定我的選擇。但是，這些猜測都是很有道理的，因爲它們是由事物本性所能做出的最接近於眞實的猜測，也是我們用以發現眞理所能有的唯一方法。此外，我所要從我的猜測中推出的結論，並不僅僅是猜想，因爲依據我以上所建立的那些原理，不可能推導出其他的結論，其他任何別的理論也不能產生同樣的結果，也不能使我得出同樣的結論。

這樣，我認爲就無須再深入思考以下的這些問題：充足的時間如何使各種事件的發生成爲可能，一些輕微的因素如何在持續不斷發生作用時產生巨大的力量；某些假設，一方面我們雖然不能給予與事實相等的確實性，但另一方面我們要想推翻也是不可能的；兩件被認爲眞實的事實，由一系列未知的或設想的仲介事實聯繫起來的，爲什麼還可以用來佐證歷史；如無歷史可考，則應由哲學家們推理得到的事件也可用來佐證歷史。最後，就變故而言，事物之間的類似性已使各種事實在類別上簡化爲比我們所想像的還要少得多的數目。以上這些問題就留給我的評判員們去研究吧，而一般讀者則無須再加以考慮了。

第二部分

文明社會的眞正奠基者，是第一個把一塊土地圈起來並宣言這是屬於他的人，而且他還令一些頭腦簡單的人相信了他的話。假如有人拔掉木樁或者填平溝壕，並向他的同類大聲疾呼：「不要聽信這個騙子的話，如果你們忘記土地的果實是大家所共有的，土地是不屬於任何人的，那你們就要遭殃了！」這個人將會使人類免於陷入罪惡、戰爭和謀殺之中，並免去多少苦難和恐怖啊！然而，很明顯，事情已經不可避免地要這樣發展，不能再像以前那樣繼續下去了。因爲這種私有觀念不是一下子在人類思想中形成的，它是由許多只能陸續產生的先行觀念演變而來的。人類在達到自然狀態的終點以前，他們一定已經取得了驚人的發展，獲得了大量的技巧和知識，並把這些技巧和知識一代一代地傳授下去，使它們不斷增加起來。因此，我們只有回到更早的時期，並以最自然的順序，把那些緩慢發展的事件和陸續獲得的知識綜合起來。

人類最原始的感情就是感知自己的存在，最原始的關懷就是對自我的保護。土地的出產，供給他一切必要的東西，本能告訴他如何去利用這些東西。飢餓以及種種原始欲望，使他反覆地經歷了各種不同的生存方式，其中之一促使他繁衍後代；而這對他來說是一種盲目的傾向，由於缺乏任何內心情感，僅僅是一種純動物性的行爲，需要一經滿足，兩性便互不相識，而孩子本身，一旦能夠離開母親獨立生存，也就與她毫無關係了。

這就是原始人的狀況，在這種動物式的生活方式中，人們最初僅局限於純粹的感覺，幾乎不能利用自然的稟賦，也絕對想不到向自然有所索取。但是不久困難出現了，因而人類必須學會如何克服這些困難。樹木的高大阻礙他採摘樹上的果實，尋找食物的野獸和他爭奪食物，還有一些凶猛的野獸甚至要傷害他的生命，這一切都使他不得不致力於身體的鍛鍊。他必須使自己變成一個靈巧的、奔跑迅速的和勇於戰鬥的人。樹枝、石頭等自然武器，不久就到了他的手裡。他學會了克服自然的障礙，學會了在必要時和其他動物爭鬥，學會了和其他的人爭奪食物，也學會了補償他先前不得不讓給強者的那些東西。

隨著人類的繁衍、人口的增加，人們的痛苦也隨之增加。土質、氣候和季節的差異，必然會使人們不得不把這種差異帶到他們的生活方式中去。荒年、嚴寒和酷暑，都能夠毀掉土地上的果實，因而要求他們具有一種新的技巧。在沿海和沿河的地方，人們發明了釣線和釣鉤而變成漁民，以捕魚維生。住在森林的人們發明了弓箭而變成獵人，以打獵維生。住在嚴寒地方的人們，就穿起被他們打死的野獸的皮。雷電的閃爍、火山的爆發或者某種僥倖的機會使他們認識了火。這是防禦冬季嚴寒的一種新方法。他們學會保存火種，然後又學會了生火，最後學會了用火來烤熟他們以前生呑的肉食。

人和其他動物以及人與人之間不斷接觸，自然而然人們會察覺到某種關係。這些關係，我們用「大」、「小」、「強」、「弱」、「快」、「慢」、「勇敢」、「怯懦」等詞，以及其他於必要時透過幾乎無意識的對比而產生的類似觀念來表示。這些關係，終於使人產生了某種思考，或者可以說某種機械的謹愼，這種謹愼會促使他爲保障自身的安全而採取最必要的措施。

這種發展使人產生新的智慧，使人增加了比別種動物的優越性，而且也使人認識了這種優越性。人類設置了各種陷阱，用千百種方法去捕獲牠們。雖然有許多動物力量比人大，奔跑得比人快，可是慢慢的，這些動物最終被人馴服或被人類殘殺。這樣，人第一次對自己做了一番觀察以後，便產生了最初的自豪感。這樣，在他還不知道如何給各種生物劃分等級的時候，他已經將自己這一種類當作最高級的了，並且他老早就準備把他個人列爲同類中的第一等了。

雖然當時人與人之間的關係不像我們現在一樣，人與人之間的交往並不比人與動物之間的來往更多，可是他也不會完全忽略對他的同類加以觀察。時間一久，他就會看出他們之間和他與女人之間有許多相同之處，他並能據此推斷出另一些尚未被他發現的相同之處。當他發現在同樣情形下，大家的行動和他自己的行動都一樣的時候，他便可以推知大家的方法和對事物的感覺與他自己的想法和感覺也是完全相同的。這個重要的眞理，一旦印入他的腦海，就會在他的頭腦中形成一種比推理更確定卻更快速的直覺，促使他在與他人交往時，遵循著爲了自己的利益和安全所應遵守的最好的行爲規則。

經驗告訴他，追求幸福乃是人類活動的唯一動力。因而他能夠區分兩種情況：一種是在少數情況下，由於共同利益，他可以指望同類的幫助；另一種——這是更稀有的情況——是由於彼此間的競爭，他不能信任他的同類。在第一種情況下，他和他的同類結合成群，或者至多也不過結合成某種自由的團體，這種團體並不拘束任何人，它的存續期間也不會超過促使該團體形成的那種臨時需要的存在期間。在第二種情況下，每個人都只顧自己的利益，如果他認爲自己有足夠的力量，便公開使用武力；如果覺得自己比較弱，便使用詭計或諂媚。

人類就是這樣於不知不覺中獲得了一種關於相互間的義務，以及履行這些義務的好處的粗淺觀念。然而，也僅限於在遇到眼前的利益和顯而易見的利害的時候，才會產生這種觀念，因爲他們毫無預見，不用說遙遠的將來，甚至連第二天的事情都不會想到。如果大家在捕一隻鹿，每人都知道應該忠實地守著自己的崗位。但是如果有一隻兔子從其中一人的眼前跑過，這個人一定會毫不遲疑地去追捕這隻兔子，即使他這樣做有可能使同伴們失去一隻鹿，他也毫不在意。

我們不難理解，人類這種交往所發展的語言，並不會比同樣結合成群的烏鴉或猴子的語言更爲細緻。在很長時期內，人們普通使用的語言必定是由無音節的叫聲、很多的手勢和一些模擬的聲音組成的。此外，在不同的地區，一些特定的發音方式（關於最初語言的制定，我前面曾經說過是不大容易解釋的）會導致特定語言的產生。不過這種語言都是粗糙和不完備的，很像今天許多原始民族仍在使用著的語言一樣。

由於時間的悠久，而我要說明的事物又過於繁雜多樣，人類初期的進步又極其緩慢，所以我不得不在轉瞬之間跨過無數世紀。因爲，事物的演變過程越緩慢，對過程的描述就越應該簡潔。

這些初期的進步，終於使人能夠加速發展其他的能力。智慧越發達，技巧便越趨於完善。不久，人們就不再睡在隨便哪棵樹下，或躲在洞穴裡了。

他們發明了幾種堅硬而鋒利的石斧，用來截斷樹木，挖掘土地，用樹枝架成小棚；隨後又想到把這小棚敷上一層泥土。這就是人類第一次劃時代的變革，人類建立了家庭，從此便出現了某種形式的私有制，許多的爭執和戰鬥也就從而產生了。可是，首先建造住所的，似乎都是一些最強悍的人，因爲只有他們才覺得自己有力量保護它。而弱小的人會發現模仿建造一座房子比企圖把強者從那些小屋裡趕走更爲省事和可靠。至於已經有了小屋的人，誰也不會去占據鄰人的小屋，這倒不是因爲鄰人的屋子不屬於他所有，而是因爲那小屋對他沒什麼用處，並且如果要占據它，難免要和居住在那小屋的家庭進行一場激烈的戰鬥。

人類的心靈因新鮮的環境刺激而發展，這種新的情況把丈夫、妻子、父母、子女結合在一個共同住所裡。共同生活的習慣，使人產生了人類所有情感中最溫柔的情感：夫婦的愛和父母的愛，每個家庭變成一個團結的小社會，因爲相互依戀和自由是聯繫這一小社會的唯一紐帶，於是，原本具有相同生活方式的男女兩性，逐漸適應了新的生活方式，婦女便經常家居，並習慣於看守小屋和孩子；男人則出去尋找共同的生活資源。由於獲得了一種比較舒適的生活，兩性都開始失去一部分強悍性和氣力。雖然每個人單獨戰勝野獸的力量不如以前，但在另一方面，他們卻比以前更便於集合起來共同抵禦野獸了。

在這種新的狀態中，人們生活簡樸而獨立，他們的需要很有限，並且使用著爲滿足這些需要而發明的一些工具，因此他們能夠享有較多的閒暇，用來爲自己安排他們的祖先所不知的各式各樣舒適的享受。這是人們於無意中給自己戴上的第一個枷鎖，同時這也就是給他們的後代準備的最初的痛苦的根源。因爲，這些享受不斷敗壞了人的身體和思想，並且隨著這些舒適的享受成爲習慣，便使人幾乎完全感覺不到樂趣，而變成了人的現實需求。最後，得不到這些享受時的痛苦比得到這些享受時的快樂要大得多。人們有了這些享受不見得幸福，卻會爲失去這些享受而傷心。

現在我們可以比較清楚地看出，語言的使用是怎樣建立起來的，或者它在各個家庭中是怎樣緩慢地趨於完善的。而且還可以推測出，各種特殊的原因使語言發展變得越來越必要，從而擴大了它的使用並加速了它的發展。洪水氾濫或者地震，使一些人的居住地被水或懸崖峭壁所包圍；地球的運動，使大陸的某些部分割裂爲島嶼。我們不難想像，由於這些原因而不得不聚集在一起的人們，比起在大陸森林中漂泊流浪著的人們之間，應當更容易形成一種共同的方言。因此，很可能是這樣：島上的居民經過最初的試航以後，便給我們大陸帶來了使用語言的習慣。或者，至少也可能是這樣：在大陸上還不知道什麼叫作社會和語言之前，這兩者就已經在島嶼上產生了，甚至還逐漸完善起來了。

於是，一切都開始發生了變化。那些一直在森林中漂泊的人，由於有了一個比較固定的生活區域，漸漸地互相接近起來，結合成各種集團，並最終在各個地方形成了有共同風俗和性格的特定的民族。這些民族並不是由規章和法律維繫的，而是由於相同的生活方式、飲食方式和共同的氣候的影響。長期的毗鄰使各家庭之間發生某些聯繫。青年男女居住在毗鄰的小屋裡，最初使他們結合的那種基於自然的要求而發生的臨時關係，逐漸變爲另一種同樣親密而更爲持久的關係。人們逐漸習慣於考慮不同的對象並加以比較，於是在不知不覺中獲得了才能和美麗的觀念，由此便產生出偏愛的感覺。由於不斷見面，於是一不相見便悵然若失。一種溫柔甜蜜的感情滲入他們的心中，一點兒矛盾就會引起強烈的不滿。嫉妒隨著愛情而出現，情侶一旦反目，最溫柔的感情就會釀成生命的犧牲。

隨著觀念和感情的相互推進，精神和心靈開始活躍，人類便日益文明化。聯繫越多，關係也就越緊密。人們習慣於聚集在小屋前面或大樹周圍，歌唱與舞蹈，愛情和閒暇的眞實產物成爲娛樂，娛樂甚至成爲男女們的日常生活事項。每個人都開始注意別人，也願意別人注意自己。於是公衆的重視具有了一種價值。最善於歌舞的人、最美的人、最有力量的人、最靈巧的人或最有口才的人會受到最多的關注。這就是走向不平等的第一步，同時也是走向邪惡的第一步。在最初的差別中，一方面產生了虛榮和輕蔑，另一方面也產生了羞慚和羨慕。新的生活引起的混亂將原始的幸福和天眞生活一起終結了。

人們一開始相互品評，尊重的觀念在他們心靈中形成，每個人都要求得到別人的尊重，而且一個人得不到別人的尊重而不感到任何不快，已成爲不可能的了。由此在原始人中便產生了最初的對禮貌的要求。從此，一切有意的侵害都變成了侮辱，因爲，除了由於損害所產生的傷痛之外，受害者還認爲那是對他的人格的輕視，而這種輕視往往比受到的傷痛本身更難忍受。這樣，每個人對所遭受的輕蔑實施的報復是由別人對自己的尊重程度來決定的，所以，報復就變成了可怕的事情，而人也就變成了冷酷殘忍的動物。這正是我們現在所知的大部分原始民族所處的狀態。許多人沒有把這些觀念辨別清楚，沒有注意到這些民族已經離開最初的自然狀態很遠，竟草率地做出結論說，人天生是殘忍的，需要文明制度來使他們變得溫和。實際上，再沒有比原始狀態中的人更溫和的了。在那個時候，人被自然安排得距離動物的愚昧和文明人的不幸的智慧同樣遙遠，他被本能和理性同等制約，只知道防備自身所面臨的威脅；他被天然的同情心所制約，不會主動地加害於人，即使受到傷害也不會想到報復。正如賢明的洛克[12]的一句格言：在沒有私有制的地方是沒有不公正的。

但是，我們必須注意到：已經開始建立的社會以及人們之間建立的聯繫，要求人們所具有的性質，已不同於他們的原始體制中所擁有的性質。人類的活動已經受到道德的影響。由於在沒有法律以前，每一個人都是自己所受侵害的唯一裁判者和報復者，因此適合於純粹自然狀態的善良已不適合於新產生的社會。隨著互相侵害的機會日益增多，對侵害所施行的報復也就日益殘酷。在那個時候，正是報復的恐怖代替了法律的制裁。這樣，儘管人們越來越沒有耐性，儘管人們的同情心已經減弱，但是人類能力的這一發展階段，是恰恰處於原始狀態中的悠閒自在和現代強烈自我主義的一種中間狀態，這應該是最幸福而最穩定的一個時期。我們越思考這個問題，便越覺得這種狀態極不易發生變革，而且也是最適合於人類的一種狀態；除非由於某種不幸的偶然事件，人類是不會脫離這種狀態的。爲了人類的共同利益，這種偶然事件最好永遠不要發生。我們所發現的原始人，幾乎都是處在這種狀態。他們的事例似乎可以證實：人類本應永遠停留在這樣的狀態。這種狀態是人類的眞正青春，後來的一切進步雖然都似乎使個體完美化，而實際上卻使整個人類走向墮落。

當人們滿足於自己粗陋的茅屋時，當人們滿足於用荊棘和魚骨縫製獸皮衣服、用羽毛和貝殼來裝飾自己、把身體塗上各種顏色、把弓箭製造得更爲精良和美觀、用石斧做漁船或某些粗糙的樂器時，總之，只要他們還僅局限於從事那些靠一個人就可能完成的工作而不需要許多人協助的手藝的時候，他們都還過著本性所許可的自由、健康、善良而幸福的生活，他們就能繼續享受著無拘無束、自由交往的快樂。但是，自從一個人需要另一個人的幫助的時候起，自從一個人發現擁有兩份食物的好處的時候起，平等就消失了，私有制就出現了。這時，勞動就成爲必要，廣大的森林就變成了需用人的血汗來灌溉的茂盛田野，不久便可以看到奴役和貧困伴隨著農作物在田野中萌芽和生長。

冶金術和農業這兩種技術的發明，促成了這一巨大的變革。在詩人看來是黃金和白銀使人文明起來，卻又使人類沒落下去，而在哲學家看來這卻是鐵具和穀物的作用。冶金術和農業這兩種技術，都是美洲原始人所不知道的，因此他們一直停留在未開化狀態；其他民族，在還不能同時運用這兩種技術的時候，好像也仍然停留在原始狀態。歐洲之所以有著比其他地方更持久的、更高度發展的文明的最主要原因之一，或許是因爲歐洲不僅是產鐵最多，同時也是產麥子最爲豐富的地方。

很難猜測人類最初怎樣認識和使用了鐵，在人們不知道其結果之前，很難設想他們就能想出從礦藏中提煉某種物質，以及爲了熔煉這種物質所應做的各種準備。另外，我們也不能把這個發明歸因於某次偶然的火災，因爲礦藏只是在沒有樹木和其他植物的不毛之地逐漸形成的。因此我們可以說自然似乎竭盡全力不想讓我們發現這個不幸的祕密。只有在極不常見的情況下，某一火山突然爆發，噴射出熔化的金屬物質，才向看到這一切的人昭示了他們可以模仿自然，從事冶煉金屬。即使如此，我們還須假定他們有足夠的勇氣和預見來進行那麼艱難的工作，並且那麼早就能推想到可以從中獲取利益。這類事情只有智慧比較發達的人才能想到，而那時的人是不會有這種智慧的。

農業的原理，遠在人們開始實踐以前，就被人認識了。人們不斷從植物中獲取食物，對於自然爲繁殖植物所用的方法，幾乎不可能很快地獲得一種觀念。然而，他們也許很晚才開始經營農業，也許是因爲樹木和漁獵不同，樹木不需要人們的特別關注也供給他們食物；也許因爲人們忽視了穀物的作用；也許是沒有工具來種植；也許是他們不能預見未來的需要；最後，也許是因爲沒有方法防止他人侵占他們的勞動成果。當他們變得更爲聰明一些以後，我們可以相信，他們就開始用銳利的石頭和帶尖的木棒，在他們的小屋周圍種植一些蔬菜或根莖類作物。這樣，經過很長時期以後，他們才知道種植穀物，才能夠獲得從事大規模耕種所必要的工具。更不必說，要從事農業這種技術，必須願意犧牲及時的需求來換取未來的收穫。而原始人是不會有這種遠見去付出這種犧牲的。因爲正如我前面說過的一樣，他們在早晨起來時幾乎連晚上的需要都預見不到。

因此，爲使人類從事農業，其他各種技術的發明就變得必要。自從必須有一些人從事熔鐵和打鐵工作起，就需要另外一些人來養活他們。工人的數目越增多，從事供給公共生活資料的人數就越減少，但是消費生活資源的人口並沒有減少。一些人需要用農產品來換取鐵製工具，另外一些人就發明了利用鐵來增多生產品的祕訣。因此，一方面出現了耕耘方法和農業，另一方面出現了金屬加工和推廣金屬用途的技術。

土地的耕種必然引起對土地的分配，而私有制一旦被承認，也必然會產生最初的公正法則。因爲，要把每個人的東西返還給每個人，是以每個人能有一些東西爲前提的。由於人們已經開始注意到未來，同時每個人都感覺到自己有些可以失去的東西，因此每個人都有理由不去傷害別人，以防隨之而來的報復。這種起源之所以是很合乎自然的，是因爲我們不可能撇開勞動去思考私有財產的產生。除了增加自己的勞動以外，還能因爲添加了什麼別的東西而使人有理由將並非自己創造的東西占爲己有呢？只有勞動才能給予農夫獲得他耕種的土地上的產出的所有權，也是勞動使他至少到收穫時占有土地本身。這樣年復一年地下去，連續占有就很容易轉化爲私有。格老秀斯[13]說過，古代人曾給賽來斯女神（穀神）以立法者的稱號並把紀念她的節日命名爲「黛絲摩芙里」，這表明人們透過土地的分配獲得了一種權利，即所有權，這種權利和從自然法中所產生的權利是不相同的。

在這種狀態中，如果人們的才能是相等的話，平等就可能會持續下去。比如，鐵的使用與生產品的消費總能經常保持準確的平衡。然而，實際上沒有什麼能永遠保持這種平衡。強壯的人勞動所得較多；靈巧的人可以從自己的勞作中獲得較多的利益；聰明的人找到了一些縮短勞動的方法；農民需要更多的鐵或者鐵匠，需要更多的麥子。雖然彼此都同樣地勞動，但有的人獲得很多的報酬，有的人維持生活都有困難。這樣，自然的不平等，不知不覺地隨著「關係」的不平等而展開了。這種人與人之間的差別透過他們不同的境遇逐漸加大，在效果上更加顯著，也更爲持久，並相應地開始影響著人們的命運。

事物發展到這種程度，其餘的事便不難想像了。我無須再來描寫其他各種技術的相繼發明、語言的發展、才能的試驗和使用、財產的不平等、財富的利用或濫用，我也不必描寫與之相關的一切詳細情節，這些讀者自己都能輕易加以補充，我將僅僅概括這個新時期中人類的生活狀況。

這時，人類的所有能力都發展了，記憶力和想像力全面展開；人們的自尊心增強了，並能進行理性思考，思維能力幾乎達到了它可能達到的最完善的程度。這時，一切天賦都發揮了作用，人與人之間有了等級和出身的區別，這種區別不僅是建立在財產的多少以及每個人能影響他人的能力的大小之上，而且還建立在個人的才智、美麗、體力、技巧、價值或智慧等種種性質之上。只有這些性質才能引起他人的重視，所以，這些性質就成爲人們必須擁有或起碼假裝擁有的東西了。

如今人們爲了自身的利益，常常假裝成自己原本不是的那種樣子。於是，「實際是」和「看來是」變成迥然不同的兩回事。由於有了這種區別便產生了浮誇的排場、欺人的詭計以及隨之而來的一切罪惡。另外，從前本是自由而獨立的人，如今由於無數新的需要，開始依賴別人，既不得不受整個自然界的支配，更不得不受他的同類的支配。富人需要別人的服侍，窮人需要別人的援助，不窮不富的人也不能脫離他人的支配。於是他必須不斷地設法使別人關心自己的命運，讓別人認爲顯然（其實並非如此）幫助他，會給他們帶來利益。這樣，就使得他對一部分人變得奸詐和虛僞，對另一部分人變得專橫和冷酷，並且，當他不能使一些人畏懼自己，或者當他認爲服侍另一些人對他沒有什麼好處的時候，他便不得不欺騙他所需要的一切人。最後，永無止境的野心，對財富的渴望，與其說是出於眞正的需要，毋寧說是爲了使自己高人一等的狂熱，激發了人們相互傷害的險惡意圖和一種隱蔽的嫉妒心。這種嫉妒心是特別陰險的，因爲它爲了便於達到目的，往往戴著僞善的面具。總而言之，一方面是競爭和傾軋，另一方面是利害衝突，人人都暗藏著損人利己之心。這一切災禍都是私有制的最初結果，同時也是不平等發展的必然產物。

在人們還沒有發明代表財富的符號以前，財富僅指土地和家畜，只包括人們能夠占有的現實財產。而當不動產在數量和面積上增長，人們的土地彼此相鄰，一個人只有損害他人才能擴大自己的財產時，那些或因軟弱或因懶惰錯過了取得財產機會的人，雖然沒有失掉任何東西，卻變成了窮人。因爲他們周圍的一切都變了，只有他們自己沒有變，於是他們不得不從富人手裡接受施捨或搶奪生活必需品。從此，由於富人和窮人彼此間各種不同的性格，開始產生了統治和奴役，暴力和掠奪。對於富人來說，他們一旦體會了統治的快樂，便立即鄙棄一切其他的快樂。並且，因爲他們可以利用舊奴隸來制伏新奴隸，所以他們只想征服和奴役他們的鄰人。他們好像餓狼一樣，嘗過一次人肉以後，便厭棄一切別的食物，而只想吃人了。

這樣，因爲最強者或最貧者都將他們的強權和貧窮視爲一種對他人財產上的權利，按照他們的看法這種權利就等於所有權，所以平等一被破壞，繼之而來的就是最可怕的混亂。這樣，因爲富人的豪奪、窮人的搶劫以及一切人毫無節制的情欲，扼殺了自然的同情心，也使很脆弱的公正受到嚴重打擊，使人變得慳吝、貪婪和邪惡。最強者和先占者之間發生持續不斷的衝突，而這種衝突只能以戰爭和殘殺而結束。新產生的社會因而陷入最可怕的戰爭狀態：墮落而悲慘的人類，再也不能停下腳步，再也不能擺脫那些不幸的所得。同時他們全力以赴濫用給自己帶來榮譽的種種能力，從而爲自己招致惡果，並終於使自己走到了毀滅的邊緣。

他被新發生的災禍驚呆了，他固然富有了，但卻很可憐，他只想逃避財富，並憎惡他不久前還在祈求的東西。【14】

人們不可能始終不考慮這樣悲慘的境遇和壓在他們身上的災難。特別是富人很快就會感覺到一切費用都由他們負擔的長期戰爭對自己是多麼不利；在戰爭中，儘管所有人都可能爲之付出生命，但只有富人會付出財富。此外，無論富人怎樣掩飾自己巧取豪奪的行爲，都會令人覺得那只是建立在一種不確定的、不正當的權利之上，而且財富既是用暴力得來，也能被人用暴力奪去，他們是沒有任何理由可以抱怨的。即使是那些勤勞致富的人，也很難爲自己的財產所有權作更好的辯護。儘管他們說：「這道牆是我修建的，這塊土地是憑我的勞動得來的。」人們可以反問：「請問，你占地的界限是誰指定的呢？我們並沒有強使你勞動，你憑什麼要我們來負擔你勞動的報酬呢？難道你不知道就因爲你占有太多而導致別人挨餓嗎？在人類公有的生活資源中，如果你想獲得超出你生存所需的部分，難道你就不應該徵求全體人民的一致同意嗎？」富人沒有爲自己辯護的有力的理由和足以自衛的力量。他雖然很容易制伏某一個人，卻也能很輕鬆地被一群強盜制伏。富人是以一個人對抗全體的，由於富人與富人之間的相互嫉妒，因此，他們不能聯合起來對抗那些因搶劫的共同願望而結合起來的敵人。爲情勢所迫，富人終於想出了一種最深謀遠慮的計畫，這種計畫是前人從來沒有想到過的，那就是：聯合所有的反對者，給他們灌輸新的概念，爲他們建立新的制度。這些制度對富人之有利正如自然法對富人之有害是一樣的。

懷著這種目的，富人向他的鄰居們述說一種可怕的情景：如果所有的人彼此都武裝起來相對抗，那麼每個人的需求和他們的財產一樣會成爲沉重的負擔。無論是窮人還是富人都得不到安寧。在述說了這種情景之後，富人就很容易地造出一些冠冕堂皇的理由，誘導他們來達到自己的目的。他向他們說：「我們聯合起來吧，好保障弱者不受壓迫，約束有野心的人，保證每個人都能占有屬於他自己的東西。因此，我們要創立一種不偏袒任何人的、人人都須遵守的維護公正與和平的規則，人人遵守，讓強者和弱者盡相同的義務，以在某種程度上，補償命運的不公。總之，我們不能和自己作對，而要把我們的力量匯聚成一種至高無上的權力，讓它透過智慧的法律來治理我們，以保衛這一團體中的所有成員，防禦共同的敵人，維持我們永恆的和睦。」

其實，無須說這麼多話就足以誘惑這群愚昧、容易受騙的人了，尤其因為他們之間有很多糾紛需要解決，他們需要評斷是非的人；他們又有太多的貪婪和野心，沒有主人他們也不能長期生存下去。於是大家都前去迎接他們的枷鎖，希望這個枷鎖可以保障他們的自由。因為人們雖然有足夠的理智來覺察一種政治制度的好處，卻沒有足夠的經驗來預見這種政治制度的危險。而最能預見這種弊端的人，恰恰是指望從弊端中獲取利益的人；而且，就是那些明智的人，也認為應該犧牲他們的一部分自由來保全另一部分自由，如同一個負傷的人砍掉自己的一隻胳膊來保全身體的其餘部分一樣。

這就是社會和法律的起源。它們給弱者以新的枷鎖，給富者以新的權利。它們永遠消滅了天賦的自由，使自由再也不能恢復；它們把保障私有財產和承認不平等的法律永遠確定下來，把巧取豪奪變成不可取消的權利。爲了少數野心家的利益，使整個人類忍受勞苦、奴役和貧困。這樣，我們很容易看出，一個社會的建立如何使其他一切社會的建立成爲必要；爲了對抗聯合起來的力量，其餘的人們無論如何也必須聯合起來。每個社會都迅速膨脹，不久就充滿整個地球，人們再也找不到一個角落，能夠擺脫他們的枷鎖，能夠避開永遠懸在自己頭上的利劍。市民權利既已成爲公民的共同規則，於是自然法僅適用於各種不同的社會之間。在各個社會之間，它以萬國法的名義出現，並由某些預設的協議加以調整，使社會間的交往成爲可能，並使人類所失去的自然同情心得到補償。因爲同情心在社會中已經失去了對人類的大部分影響，如今僅存在於一些偉大的世界主義者的心靈之中，這些世界主義者打破了阻礙各民族人民交流的思想障礙，仿照創造他們的上帝的樣子，把整個人類都包容在他們的仁愛之中。

然而，政治組織彼此之間的關係雖然還停留在自然狀態之中，但不久便感到種種不便，使得它們不得不擺脫這種狀態。而且，這種狀態存在於這些龐大的政治組織之間，對大型政府之間的關係造成的破壞比對個人更大。由此便產生了那些震撼自然和違反理性的民族戰爭、殺戮、報復以及那些竟把殺人流血列爲美德的可怕偏見。最正直的人也學會了把相互殘殺當作自己的一種義務。我們終於看到成千上萬的人不知道原因卻自相殘殺。戰爭中一天殺死的人數和攻占一座城市時所造成的恐怖，比在自然狀態中所有時代整個地球上所殺害的人和所造成的恐怖還要多得多。這就是我們所見到的人類分裂成許多不同的社會後首先形成的結果。然而，我們還是回到政府創立的初期吧。

我知道關於政治社會的起源，有許多作者還持有其他主張，例如認爲政治社會起源於強者的征服，或者起源於弱者的聯合。事實上，這些都與我用於論證政府起源的論據無關。我在上文所闡述的原因，在我看來是最合乎自然的，其理由是：（一）對於第一種主張，所謂征服權並不是一種權利，所以不能據以創立任何其他權利；在征服者與被征服民族之間的關係上，除非被征服民族完全恢復了自由，自願選擇它的征服者做自己的首領，他們二者便永遠處於戰爭狀態。因爲無論此前他們訂立了怎樣的投降條約，都是建立在暴力的基礎上的，這一事實本身就注定了這條約是無效的。所以在這種假定上，既不可能有真正的社會，也不可能有政治組織，除強者的權力外，也不可能有任何法律。（二）對於第二種主張，強和弱這兩個字本身的含義就是不明確的，在所有權或先占者的權利的設定與政治統治的建立之間的過渡時期，這兩個字的意義倒不如用富和窮來代替。因爲，實際上，在有法律以前，一個人要想使另一個與他平等的人服從自己，除了搶占他們的財產，或者把自己的財產分給他們一部分以外，是沒有任何其他辦法的。（三）因爲窮人除了自由以外，沒有什麼可以失掉的東西，除非他們完全喪失了理智，否則絕不會無償地拋棄他們所僅存的財產——自由。相反，富人對自己的財產是愼之又愼，反而是他們容易受到損害。總之，更合理的假設是：人只可能去創造對自己有利的事物，而不可能去創造對自己有害的事物。

新產生的統治機構沒有穩定正規的組織形式。哲學和經驗的缺乏，使人只能覺察到目前的不便；至於其他的不便，人們只在它們出現的時候，才會想到加以糾正。儘管英明的立法者盡了一切努力，政治狀態總是不完善的，因爲它幾乎是一種偶然的產物。而且因爲它開始就不健全，時間雖能使人發現它的缺點而提出一些挽救方法，但卻永遠不能補救組織本身的缺陷。人們只是不斷地修修補補，而不能像來古格士在斯巴達所做的那樣，首先掃清地面並拋棄一切陳舊的材料，以便重新建造一座穩固的大廈。社會起初不過是由一些一般公約組織起來的，所有成員對這些公約都約定遵守，並由共同體保障每一個成員都能遵守公約。然而，經驗證明了這樣一個組織是多麼脆弱，以及違犯公約的人又多麼容易逃避對所犯過錯的認定和懲罰——因爲他的過錯只有公衆才能作證和加以裁判。於是，人們開始千方百計地逃避法律。不便和混亂繼續不斷地增多，這時候，人們才終於想到把公共權力冒險地委託給私人，把執行人民決議的任務委託給官吏。因此如果說人們在結盟以前，就已經選出了首領，如果說在有法律以前就已經有了法律執行者，這種荒唐的假設簡直不值得認眞考慮。

然而，如果認爲人民一開始就會無條件、永遠地投入一個專制主人的懷抱，認爲無所畏懼和未經馴服的人們所想到的第一個維護公共安全的方法，就是投身於奴隸制，那也是不大合理的。事實上，奴隸制並不能使他們免受壓迫，保護他們的生命。一個人的生存要素由財產、自由和生命構成，他們爲什麼要給自己找出一個統治者呢？而且，在人與人的關係上，一個人所能遭到的最大不幸，就是看到自己受另一個人的任意支配，如果一個人爲了保存他僅有的這些東西才需要首領的援助，他卻一開始就自願地放棄了這些僅有的東西而把它們交給一個首領，這豈不是違背常識嗎？對於如此寶貴的權利的讓與，首領能給他們以什麼相等的代價呢？如果他以保護他們爲藉口，竟敢強求這種權利的讓與，他們立刻就會以諷刺的口吻回答他說：「敵人對我們也不過如此吧！」人民選出首領是爲了保衛自己的自由，而不是爲了使自己受奴役，這是無可爭辯的事實，同時也是全部政治法的基本準則。普林尼曾對圖拉眞說：「我們之所以擁戴一個國王是因爲我們不想要主人。」

我們的政治家們關於熱愛自由所做的那些詭辯和哲學家們關於自然狀態的詭辯是一樣的。他們根據自己了解的事物，判斷他們未曾見過的極不相同的事物。他們因爲看到一些人耐心忍受奴役，便認爲人天生就有奴性。他們沒有想到，自由也和純樸與美德一樣，人們只有在擁有它們的時候才感覺到它們的價值，一旦喪失了它們，便也喪失了對於它們的興趣。一位波斯總督曾把波斯波里斯城的生活與斯巴達的生活做比較，布拉西達斯[15]對這位波斯總督說：「我知道你的故鄉的幸福，你卻不會知道我們那裡的快樂。」

正如一匹被馴服了的馬，耐心地忍受著鞭策和踢馬刺，而一匹未被馴服的馬則一接近馬韁轡就豎起鬣毛，用蹄擊地，激烈地抗拒一樣，文明人毫無怨言地戴著他的枷鎖，而原始人則絕不肯向枷鎖低頭。而且，他寧願在風暴中享受自由，也不願在安寧中受奴役。因此，我們不能從被奴役的人們那裡來判斷人類的天性是傾向奴役或反對奴役，而應該從一切自由民族爲反抗壓迫做出了巨大的努力來進行推測。我知道前一種人只是不斷地誇耀他們在枷鎖下所享受的和平和安寧，他們將最悲慘的奴隸生活稱爲和平。但是，當我看到後一種人爲了保存他們這唯一的財富（喪失了這種財富的人卻十分鄙視這種財富）寧肯犧牲快樂、安寧、財富、權力甚至生命的時候；當我看到生來自由的一些野獸，因憎恨束縛向牢籠欄杆撞壞了頭的時候；當我看到成千成萬的赤裸裸的原始人，鄙視歐洲人的淫逸生活，只爲保存他們的獨立自主而甘冒飢餓、炮火、刀劍和死亡的危險的時候，我深深地感到，奴隸是不配談論自由的。

至於父權，許多學者認爲專制政治和整個社會都是由此延伸出來的。我無須引用洛克和錫德尼的論證，就可以指出：世界上沒有比父權的溫和與專制政治的殘暴之間差距更大的了。因爲父權的行使與其說是爲了命令者的利益，毋寧說是爲了服從者的利益。根據自然法則，父親只是在他的子女還需要他的扶助的時候，才是子女的主人。過了這個時期，他們便處於同等的地位了，子女完全脫離父親而獨立，對父親只有尊敬而不必服從，因爲報恩只是一種應盡的義務，而不是一種他人可以強求的權利。因此，我們不能說文明社會是從父權派生出來的，而應該說父權的主要力量來源於文明社會。一個人只是在子女們聚居在他身邊的時候，才能被認爲是這些孩子的父親。父親是自己財產的眞正主人，他的財產使他的孩子依附於他，他可以根據每個子女是否經常遵從他的意志恪盡孝道來決定每人所應繼承的部分。然而，臣民則絲毫不能指望從暴君那裡得到任何類似的恩惠，因爲臣民自身及其一切都屬於暴君所有，或者至少暴君本人是這樣認爲的。所以當暴君將少量財富留給臣民的時候，他們還不得不把它當作一種恩惠來接受。暴君讓他們活著就是一種恩惠，剝削他們也是一種公正。

如果我們從權利角度出發來繼續研究這些事實，我們就會發現專制政治的建立出於人民自願的說法毫無道理可言。如果一種契約只拘束當事人的一方，一切義務都由一方來負擔，而另一方毫無義務，使得受損害的只是負擔義務的人，那麼，要證明這種契約的效力是非常困難的。這種極不合理的制度，即使在今天也遠遠不同於明智優良的君主制，即使是法國的君主制也遠非如此。我們可以在他們頒布的敕令中看到這一點，特別是在一六六七年用路易十四的名義並根據他的命令出版的一部著名法律中，我們可以讀到這樣一段文字：

因此，我們絕不能說君主可以不遵守本國的法律，因為與此相反的命題乃是萬國法中的一條眞理，雖然這條眞理有時為阿諛者所攻擊，但賢明的國王總是像國家的保護神一樣來保護這一眞理。如果我們能像智者柏拉圖那樣地說：「國王最大的幸福就是臣民服從國王，國王服從法律，而法律是公正的，並且永遠面向公眾的幸福，那該多麼合理啊！」

我不想繼續追問這一問題：既然自由是人最高貴的權利，那麼爲了取媚於一個殘暴的或瘋狂的主人，竟毫無保留地拋棄我們最寶貴的天賦，竟屈從於主人的意志去犯造物主禁止我們去犯的一切罪惡，這是不是使人類的天性墮落，將自己貶低到動物的水準，做本能的奴隸呢？甚至是不是對自己的創造者的一種侮辱？或許，這個崇高的造物主寧願看到他的作品被澈底毀掉也不願遭受如此的侮辱。如果人們同意，我就不再詳細論述巴爾貝拉克的權威說法了。巴爾貝拉克根據洛克的看法，曾直截了當地表明：人出賣自己自由的極點，就是使自己屈從於一種專制權威。他接著說道：「因爲出賣自由就等於出賣自己的生命，而任何人都不是自己生命的主人。」我所要知道的僅僅是：不怕把自己貶低到這種程度的人們，有什麼權利使他們的後代也受同樣的屈辱，並代替自己的後代放棄那些並非他本人賜予的幸福？對於一切值得擁有這些幸福的人來說，一旦失去這些幸福，則生命本身就成爲一種負擔了。

普芬道夫說，人既可以根據協定與契約把自己的財產轉讓與別人，同樣也可以爲了別人的利益而放棄自己的自由。我認爲這種推理似乎並不能成立。因爲，首先，我把財產讓與別人以後，這項財產就變成完全與我無關的東西了，如果別人濫用它，也與我不相干；但是，人們要濫用我的自由，就不能與我無關，因爲，如果別人要我去犯罪，我就不得不去犯罪，那麼我就成爲犯罪的工具，滿懷罪惡感。此外，所有權不過是一種制度的約定，因此每個人都能夠隨意處分他所有的東西。但是，人類主要的天然稟賦，比如生命和自由，則不能與此相提並論，這些天賦人人可以享受，但是否能拋棄則是值得懷疑的。一個人拋棄了自由，便貶低了自己的存在；拋棄了生命，便完全消滅了自己的存在。世間任何物質財富都不能彌補這兩種東西的損失，所以無論以任何代價拋棄生命和自由，都是既違反自然同時也違反理性的。而且，縱使人們能像轉讓財產那樣，把自由讓與別人，但對子女們來說，這兩者之間的區別也是很大的。子女們享受父親的財產，僅僅因爲父親將權力轉移給他們，而自由是由自然賦予的，父母沒有任何權力剝奪。那麼，爲了建立奴隸制，就必須違犯自然，同樣的，爲了使這種權力永存下去，就必須變更自然。法學家們既鄭重宣布了奴隸的孩子生下來就是奴隸，換句話說，他們也就肯定了人生下來就不是人。

所以，我確信：政府並不是從專制權力開始的。專制權力只不過是政府腐化的結果，是政府墮落的最終形態。它使政府又返回到最強者的權力上，而政府本是爲了補救這種權力而建立的。不但如此，即使政府是從專制權力開始的，這種權力本身也是不合理的，所以不能把它作爲社會上的各種權力的基礎，因此也不能把它作爲人類不平等的基礎。

我們今天暫不深入研究政府的基本契約的性質。我只依照一般意見，把政治組織的建立視爲人民和他們所選出的首領之間的一種眞正的契約，雙方約定遵守其中規定的法律，這些法律正是聯結他們的紐帶。人民在一切社會關係上把他們每個人的意志集中成爲一種單一的意志，所以一切表現這個意志的條款，也就成爲對於國家全體成員都具有拘束力的根本法。這些根本法之一就規範著監督其他法律官員的選任和許可權。這種權力可以包括維持憲法所需要的一切職權，但不包括修改憲法的權力。這一切都必須伴之以榮譽，以保證法律和執法者受到公衆的尊重，並給執法者一些特權以報償他們爲把國家管理好所需要從事的艱苦工作。而執法者則負有以下的義務：他們必須按照委託人的意思行使所受託的權力，必須維護每個人能安全地享受他所有的一切的權力，而且必須在任何情形下都把公共利益放在個人利益之上。

在依據經驗而做出的預見沒有得到證明以前，或者說在人類的知識還不能使人預見到憲法不可避免的弊端以前，這一憲法應當是較好的憲法，因爲負責維護這一憲法的人們自己就與憲法的保存有最密切的利害關係。根本法是官職的設置和官員的職權的唯一依據，根本法一旦消失，官員們就喪失了他們的合法地位，人民就沒有再服從他們的義務。因爲國家構成的基本要素不是官員而是法律，所以當法律不存在的時候，每個人就恢復了他天賦的自由。

只要我們稍加注意，就會發現新的論據來支持以上的說法，而且就契約的性質而論，我們也可以看出這種契約並不是不可以取消的。因爲，如果沒有更高的權力來保證締約雙方遵守契約，或強使他們履行相互間的允諾，締約雙方仍然是他們自己的爭訟的唯一裁判者，那麼，只要一方發現對方違反規定或這種契約不再符合他的利益，他就隨時有拋棄契約的權利。正是根據這一原理，人們才可能有解除契約的權利。然而，我們現在所要研究的就是考察人類的制度，不難了解，假如掌握一切權力並把契約的一切利益都據爲己有的官員們有拋棄職權的權力，那麼，因官員們的錯誤措施而受到損害的人民就更應當有權拒絕服從。但是，這種危險的權力必然會引起可怕的紛爭和無窮的混亂。這些都足以說明：人類的政府需要一個比單純的理性更爲堅固的基礎，並且爲了公共的安寧，是多麼需要一個神聖的意志，以便給予最高權力一種神聖不可侵犯的品質，從而剝奪臣民危險的棄權的權利。宗教即便有它的弊端，只要對人們做這樣一件有益的事情，便足以使人們去皈依和信仰宗教，因爲它使人類免除的重重殘殺遠比因宗教狂熱付出的生命要多得多。然而，還是讓我們沿著假定的線索繼續探討下去吧！

政府的各種不同的形式，是由政府成立時存在於人與人之間等級分化的程度的差異而產生的。如果有一個人在能力、道德、財富或聲望上都是卓越的，而他獨自被選爲長官，那麼，這個國家便成爲君主政體的國家。如果有一群人都同樣傑出，他們都高出別人一等，而一起被選，那麼，這個國家便成爲貴族政體的國家。如果人們的財產或才能並不是那麼不平均，而他們距離自然狀態又並不很遠，那麼，他們便共同組成一個最高的政權即民主政體的國家。只有經歷時間的考驗，人們才能發現哪種政府最有利於他們。某一些人始終服從於法律，公民們希望保持他們的自由；而另一些人則服從於官員，臣民們由於不能容忍別人享受他們自己已經享受不到的幸福，所以他們只想剝奪他們鄰人的自由。總之，一些民族產生了財富和征服，而另一些民族只有幸福和美德。

在上述各種不同的政體中，一切官員最初都是被選舉出來的。當一個人的財富不比別人優越時，人們之所以選舉他，是根據他的功績，因爲功績給人帶來天然的威望，或者也根據他的年齡，因爲年長的人處理事務富有經驗，審判及決斷事情頭腦冷靜。無論是希伯來人的「長者」、斯巴達的「長老」，還是羅馬的「元老院」，甚至我們所謂「領主」一詞的字源上的意義，都指明在從前老人曾經受到的尊敬。然而越是老年人當選，選舉就越頻繁，也就越使人覺得厭煩。於是陰謀發生了、派系形成了、黨派的衝突尖銳化了、內戰的火焰燃起了，公民的生命終於爲所謂國家的幸福而犧牲。人們於是又處於從前那種無政府狀態的前夕。有野心的官員們，從這種混亂的局面中漁利，把職權永遠把持在自己家族之手。而人民已經習慣於依附、安寧，再也沒有能力打碎身上的枷鎖時，爲了確保自己的安寧，他們甘願讓人加重對自己的奴役。這樣，已經成爲世襲的官員們，就逐漸習慣於把官爵看作自己的家產，把自己看作國家的主人，而起初他們只不過是國家的官吏。這樣，他們也就將其公民視爲奴隸，把這些奴隸當牲畜一樣算在他們的財產之列，而且自稱是與神齊等的王中之王。

如果我們沿著這些不同的變革來追蹤觀察不平等的發展，我們便會發現法律和私有制的建立是不平等的第一階段；官職的設置是不平等的第二階段；而第三階段，也就是最末一個階段，是法制權威變成專制的權威。因此，第一階段的不平等是窮與富，第二階段是強與弱，第三階段是主人和奴隸。最後一個階段是不平等的頂點，也是其他各個階段持續發展的最終結果，直到新的變革使政府完全瓦解，或者重新回到法制狀態爲止。

爲了解這種發展的必然性，我們沒有必要考察設立政治組織的動機，而應當考察它在實際上所採取的組織形式以及那些隨之而來的種種弊端。因爲這些弊端使政府的設立和腐敗同時成爲必然。姑且不談斯巴達這唯一的例外情形——在斯巴達，法律所關切的主要是兒童教育，來古格士【16】爲他們開創的風氣實際上使法律成爲多餘。因爲一般說來法律的約束力是弱於欲望的，只能限制人而不能改變人，所以不難證明：任何一個政府，假如它不腐化、不敗壞，總是嚴格遵循著它所負的使命前進，那麼，這個政府就沒有設立的必要。在一個國家裡，如果任何人都不觸犯法律，任何官員都不濫用職權，那麼，這個國家就既不需要官員也不需要法律了。

政治上的差別，必然會引起人與人之間的差別。在人民與官員之間日益增長著的不平等必然導致民衆之間不平等的產生，並且因欲望、才能和境遇的不同而形成千百種不同的表現形態。當權的官員利用非法的權力提拔一群走狗，並把一部分權力分給他們。而且，公民們也只是在一種盲目的貪心引誘之下甘願受人壓迫。他們寧向下看，而不往上看，因此，在他們看來，統治別人比不依附於人更爲可貴。他們同意戴上枷鎖，爲的是能反過來奴役別人。很難強使一個沒有野心控制他人的人去服從於他人，即使是最有智謀的政治家也不能使那些以自由爲唯一願望的人屈服。但是不平等能輕易在野心家和懦夫之間橫行，因爲他們隨時都在準備著冒風險，準備著依時運的順逆，或者去統治人，或者去侍奉人，這二者對他們說來，幾乎是沒有什麼差別的。因此，必然會出現這樣一個時代，那時人民的雙眼已被蒙蔽，只要統治者對一個最卑微的人說：「讓你和你的子孫後代都成爲貴族吧！」他立刻就在衆人面前顯得尊貴起來，而且他自己也覺得尊貴起來了。他的後代和他相隔的世代越遠，便越顯得尊貴。使他們成爲貴族的原因越久遠和越模糊不清，其效果也就越大；一個家庭裡無所事事的人數越多，這個家庭也就越顯赫。

如果這裡是應當研究細節的地方，我很樂意解釋即使沒有政府的干預，在人與人之間，仍然會有聲望和權威的不平等。因爲人們一結成社會，就不得不互相比較，並從他們持續不斷地互相利用中注意到彼此間的差異。這些差異有幾種主要類型。但是，由於人們通常主要是根據財富、爵位或等級、權勢和個人功績等方面的差異來互相評價，因此我可以證明這幾個方面之間的和諧或衝突是一個國家制度好與壞的最可靠的標誌。我還可以指出，在這四種不平等中，個人身分的不平等是其他各種不平等的根源，而財富的不平等是最終的不平等。因爲財富是最直接有益於幸福，又最易於轉移的，所以人們很容易用它來購買其餘的一切。透過以上的觀察，我們能夠確切地判斷每個民族距離其原始制度的遠近和走向腐敗的頂點的進程。借助這一點，我可以解釋那些追求聲望、榮譽和特權的普遍願望是如何在鍛鍊著，並使我們互相較量著我們的才能和力量；是如何在刺激著我們的欲望，並使欲望日益增多以及如何使所有的人都相互競爭、對抗，或者說都成爲仇敵，它將無數野心家置於同一競賽場上，造成無數的失敗、成功和混亂。

我可以說明，正是由於每個人都有成爲衆人焦點和出人頭地的欲望，才產生了人間最好和最壞的事物：我們的美德和我們的惡行；我們的科學和我們的謬誤；我們的征服者和我們的哲學家。也就是說，在極少數的好事物之中有無數的壞事物。總之，我可以證明，人們之所以會看見一小撮有錢有勢的人達到了富貴的頂點，而大部分人缺衣少食、默默無聞，是因爲前者只珍視弱者沒有的東西，而且沒有了弱者悲慘的命運，強者就感覺不到自己固有的幸福。

如果我們僅就以上各點詳細地加以論述，便足以寫成一部巨著。在這一著作裡，我們可以通過與自然狀態中的權利對比，權衡一下各種政府的利弊。我們還可以揭示由政府的不同性質及其由於時間所必然引起的變革而會呈現的不平等的各種不同形態。我們可以看到，人民大衆爲了反抗外國壓迫者所做的一切努力，最終壓迫了他們自身；我們可以看到這種壓迫繼續不斷地在增長，而被壓迫者永遠不知道這種壓迫何時才能停止，也不知道他們還有什麼合法的途徑來反抗這種壓迫；我們可以看到公民的權利和民族的自由逐漸在消失，弱者的要求被看作叛亂的怨言；我們可以看到政治將保衛公共利益的榮譽只限於一小部分吃皇糧的官員；我們可以看到，徵稅的必要因此產生，在重稅壓迫下意志沮喪的農民即使在太平年月也會拋棄田地，扔掉犁鏵，揭竿而起；我們可以看到各種混亂荒唐的榮譽法規也出現了；我們還會看到國家的保衛者遲早會變成人民的敵人，不斷地拿起武器指向自己的同胞。最終，會出現這樣一個時期，人們會向他們的統治者說：

「如果你命令我把利劍刺入我父親的胸膛，
刺入我懷孕的妻子的腹中，
我終究要完成你的命令，
儘管我的雙手在反抗。」[17]

從財富和社會地位的極端不平等中，從多種多樣的欲望和才能中，從各種無用且有害的技術和膚淺的科學中，產生出大量的偏見。這些偏見同時違反了理性、幸福和道德。我們可以看到：掌權者費盡心機破壞民眾的聯合，在民眾之間製造分裂。他們給社會一種和睦的假象，而實際上是在散布分裂的種子；他們使各等級的人們因權力、利益的矛盾而相互猜疑和憎恨，以加強他們的統治。

正是在這種混亂和動盪中，暴政逐漸抬起它醜惡的頭，吞噬一個國家裡一切善良和健全的東西，最終踐踏著法律和人民，並在共和國的廢墟上建立起它的統治。這最後一次變化以前的時期，必然是一個騷亂和災難的時期。但是最後，一切都被這惡魔吞噬，人民既不再有首領，也不再有法律，而只有暴君。從這時起，再也沒有品行和美德可言。因爲凡是屬於暴政統治的地方，誰也不能希望從忠貞中得到什麼，也不容許有任何其他的主人。只要暴君一發令，正義和職責就黯然失色。最盲目的服從乃是奴隸們所僅存的唯一美德。

這裡是不平等的終點，一個封閉圓圈的終極點，一切又與開始的起點重合。在這裡，一切的人都是平等的，因爲他們同樣一無所有。臣民除了君主的意志以外沒有別的法律，君主除了自己的欲望以外，沒有別的規則。這樣，善的觀念、公正的原則又重新消失了。在這裡一切又都回到強者法則，因而也就是回到一個新的自然狀態。然而這種新的自然狀態與最初的自然狀態不同，因爲最初的自然狀態是純粹的自然狀態，而新的自然狀態乃是過度腐化的結果。但是，這兩種狀態之間在其他方面的差別則是非常小的，而且政府契約已被專制政治破壞殆盡，以致暴君只在他是最強者的時候，才是國家的主人；當他被驅逐的時候，他連抱怨的權力都沒有。民眾暴動殺死或推翻君主，與暴君前一日任意處理臣民生命財產的行爲是同樣合法的。暴力支援他，暴力也推翻他。一切事物都是這樣按照自然的順序進行著，無論這些短促而頻繁的革命的結果如何，任何人都不能抱怨別人的不公正，他只能怨恨自己的過錯或不幸。

如果細心的讀者想發現和追溯這些曾把人類從自然狀態引向文明狀態，但卻已經被人遺忘和迷失了的道路，根據我剛才指出的那些中間狀況，將我因時間匆促而省略了的，或者因想像力所不及而沒有想到的那些狀況一一用思考把它恢復起來，他們一定會驚訝這兩種狀態之間的差距是多麼巨大。正是在事物的這種緩慢的發展過程中，他們將可以找到哲學家們所不能解決的倫理上和政治上的無數問題的答案。他們將會發現在不同的時代，人也是不同的，狄奧根尼[18]之所以找不到人，是因爲他想在他同時代的人中找一個已經不存在的那個時代的人。他就會明白，加圖之所以與羅馬和自由同歸於盡，是因爲生錯了時代。如果他早生五百年，他一定統治了整個羅馬，這位最偉大的人恐怕是會震驚世界的。總之，讀者們將會理解，人類的心靈和情欲是如何在不知不覺的變換中變更了他們的本性。也就是說，爲什麼時間一久我們的需要和我們感興趣的對象都有了改變；爲什麼在原始人逐漸消逝的時候，社會——在賢者看來——只爲我們提供了一個由做作的人和膚淺的欲望組成的集合體，而這樣的人和欲望乃是所有新生關係的產物，在自然狀態中沒有任何眞正的基礎。我們對這一問題的思考已完全被觀察所證實。原始人和文明人的內心深處與行爲傾向是如此的不同，以致造成給文明人至高幸福的東西，反而會使原始人陷於絕望。原始人僅喜愛安寧和自由，他只願自由自在地過著閒散的生活，即使斯多噶派的淡泊也比不上原始人對身外之物的淡漠。相反的，文明人則終日勤勞，而且他們往往爲了尋求更加勤勞的工作而不斷地流汗、奔波和焦慮。他們一直勞苦到死，甚至有時寧願去冒死亡的危險，來維持自己的生存，或者爲了追求永生而自絕於世。

文明人會逢迎自己所憎惡的權貴和自己所鄙視的富人，不遺餘力地去博得爲那些人服務的榮幸；他們驕傲地誇耀自己的卑賤，誇耀那些人對他們的保護；他們以充當奴隸爲自豪，言談之間，反而輕視那些未能分享這種榮幸的人。一個加勒比人會如何評價那種繁重而令人羨慕的工作呢？這種悠閒的原始人寧願經歷多次殘酷的死亡，也不願過這樣一種生活。這種生活的可怕，縱然有施展其抱負的快樂，也往往不能得到緩和！而且那個悠閒的原始人要了解如此勞神的目的何在，在他的頭腦中就必須先具有「權利」和「榮譽」這些詞彙的意義；就必須知道有一種人相當重視世界上其餘的人對他們的看法，他們的幸福和滿足更多地來源於別人的評價。實際上，原始人和文明人的這一切差別的眞正原因就是：原始人過著他自己的生活，而文明人則終日惶惶，只知道生活在他人的意見之中。也可以說，他們對自己生存的意義的看法都是從別人的判斷中得來的。這裡，我並不想追問，爲什麼會產生對善惡的漠不關心，縱然我們有許多談論道德的卓越文章；爲什麼在一切都歸結爲現象的時候，一切都變爲人爲的和造作的：榮譽、友誼、美德，甚至惡行也不例外，從這一切中，我們終於發現了炫耀自己的祕訣。我也不想追問，爲什麼我們總問別人自己是怎樣一個人，而從不敢拿這一題目來問自己。因此在衆多的哲學道理、人性和崇高的格言中，我們只有一種浮華的欺人的外表，擁有榮譽卻沒有道德，會思考卻沒有智慧，耽於享受卻沒有幸福。我認爲只需要證明以下兩點就夠了，即：上述情況絕不是人類的原始狀態；社會的精神以及社會產生的不平等改變和破壞了我們所有的本性。

我已追溯了不平等的起源和發展、政治社會的建立和必然產生的種種弊端。我所論述的這些事物，是儘量靠推理從人類的本性中推演出來的，並未借助於那些從一開始就賦予君主以神聖權威的神聖教義。根據我的說明，我們可以斷言，在自然狀態中幾乎沒有任何不平等。由於人類能力的發展和人類智慧的進步，不平等才獲得了它的力量並成長起來，最終在私有制和法律建立之後，被確立爲永恆的合法現象。此外，我們還可以斷言，僅爲實在法所確認的精神上的不平等，每當它與生理上的不平等相牴觸時，便與自然法則相衝突。這種不相稱充分決定了我們對流行於一切文明民族之中的那種不平等應持什麼看法。因爲，無論人們給不平等下什麼樣的定義，孩子命令老人，傻子指導聰明人，少數權貴揮霍無度，而大量的飢民則缺乏生活必需品，都顯然是違反自然法則的。

注解

【1】摩西是猶太人的先知，摩西的論述是指《舊約》。

【2】斯巴達實行全民軍事化管理，嬰兒一出生就要接受身體檢查，身體強壯的留下，身體虛弱的就要扔到棄嬰場。

【3】霍布斯（一五八八至一六七九年），英國哲學家，著有《論物體》、《利維坦》等。

【4】這裡指孟德斯鳩，參看其著作《論法的精神》第一章第二節。

【5】康貝爾蘭德（一六三二至一七一八年）英國人，提出萬物性善說。普芬道夫（一六三二至一六九四年）德國法學家、史學家，古典自然法學派的主要代表之一。

【6】塞爾薩斯是羅馬名醫，著有《醫學集書》。

【7】希波克拉底是古希臘名醫，西方醫學之父，提出了「體液說」。

【8】在本文第一部分的最後，盧梭提出：「原始人所擁有的自我完善、社會美德和其他潛能，只有通過一系列可能不會發生的外部偶然因素才能得到發展。如果沒有這些因素，人類也許永遠停留在原始狀態。」

【9】孔狄亞克（一七一四至一七八〇年）法國哲學家，著有《人類知識起源論》。

【10】一七二〇年出版的《蜜蜂的寓言：私人的惡性，公共的利益》，作者是荷蘭醫生伯納德．曼德維爾。

【11】原文爲拉丁文，引自《尤維納爾詩集》。

【12】洛克（一六三二至一七〇四年），英國哲學家，著有《政府論》、《人類理解論》。

【13】雨果．格老秀斯（一五八三至一六四五年），古典自然法學派主要代表之一，世界近代國際法學的奠基人，同時也是近代自然法理論的創始人之一。

【14】此句引自奧維德（西元前四十三年至西元十八年）的代表作《變形記》。

【15】西元前五世紀斯巴達的一位將軍。

【16】來古格士，傳說中西元前八世紀斯巴達的國王，斯巴達的政治制度就是他創立的。

【17】此段引自古羅馬詩人盧坎的《盧坎詩集》。

【18】狄奧根尼，又名戴奧眞尼斯（西元前四〇四年至前三二三年），出生於一個銀行家家庭，是古希臘犬儒學派哲學家。他曾白天打著燈籠上街，尋找「誠實的人」。

III

附錄

有一位著名的作者總結了人一生中好的方面和壞的方面，並從總體上進行了比較，他發現我們的痛苦要遠遠超出我們的快樂，所以，在將所有事物都納入考慮範圍的情況下，人的一生並非完全是一份珍貴的禮物。這個結論並未讓我感到驚訝；因爲作者的論點來自文明社會中的人。如果回到自然狀態，他的詢問明顯會得到不同的答案，那種狀態下的人很少受到不是因爲自己的原因而產生的不好結果的影響。讓自己變成這副可憐的模樣確實給我們帶來了不小的麻煩。一方面，我們會想到人類偉大的能動力、完美的科學成就、各種藝術作品、利用到的巨大自然能量、塡平的溝壑、移除的高山、碎裂的巨石、改道的河流、修整的土地、抽乾的湖泊、乾涸的沼澤、拔地而起的高樓大廈、航行在大洋之中的輪船；而另一方面，由於對人類從事這些勞動中累積起來的優勢估計上的不足，我們會不禁對這些事物中存在著的巨大不平衡而感到驚異，也會對人類的癡情感到痛惜，爲了滿足自己愚蠢的榮耀感和自負的自治，這種癡情迫切地引誘人們追求自身能夠感受到的所有痛苦，儘管在此之前仁慈的自然已經好心地將這些從人類前進的道路上移走了。

人類確實邪惡，他們所進行的那種不間斷的悲哀實驗已經毫無疑問地證明了一切，但是，儘管如此，我仍然認爲我已經表明人類在自然狀態下是性本善的。除了發生在他身體結構上的變化，他的所作所爲以及他獲得的知識之外，是什麼讓他墮落到這步田地的？我們會隨著自己的性子對人類社會進行各種美言，但是在相互產生利益衝突的時候，人們肯定會互相憎恨，儘管有人做出了想像之中的壞事，但是他們仍然能繼續爲彼此服務。是否有這樣一種關係，有關個人利益的規則都跟那些公衆理性所認爲的有關社會利益的一般規則直接相悖——人們發現自己的利益都意味著身邊人的損失？也許沒有哪個家境優越之人的繼承者不貪婪，甚至繼承者還是個小孩子時都可能暗地裡希望他能早死；沒有哪個商人不會在他人的航船遭到損失了之後將其視作好消息；沒有哪個心懷鬼胎的負債人不願看到債主的房屋連同其借據一起在大火中化爲灰燼；沒有一個國家不會爲降臨到他國人身上的災難幸災樂禍。因此，我們自己的優勢本是源自共同生活在地球上的其他生物的悲慘，一個人的損失也是如此成爲了別人的收穫。雖然如此，但如果個體都將公衆災難當作自己希望和期待的對象，那將更具毀滅性。我曾見過有人竟邪惡到在豐收季節即將來臨的時候悲極而泣；還曾見過帶走大量悲慘之人生命和財產的倫敦大火讓大概一萬人發了大財。我知道蒙田曾譴責雅典人狄馬德斯應該遭受懲罰，因爲他高價出售自己所做的棺材，以此從同胞的死亡中聚斂了巨額財富；但是蒙田自己給出的理由卻是每個人都應該接受懲罰，我的觀點很明顯得到了他的肯定。因此，讓我們透過善舉的表面，調查一下是什麼東西進入了它心臟地帶最核心的部分。讓我們思考一下事物的狀態究竟爲何，我們何時會被迫同時擁有卻又毀滅其他人；他們何時成爲了天生的敵人、貪圖利益的惡棍。也許有人會說，社會就是這樣構成的，人就是要爲其他人而服務。這個理論不錯，前提是個體在傷害其他人的時候不會得到更多的好處。人們通過合法途徑獲得的利益是微乎其微的，與通過非法途徑得到的利益相差甚遠；傷害同胞總是能讓我們得到比幫助彼此更多的東西。我們要做的就是學會如何做到有罪不罰；這樣一來，有能力的人會竭盡自己所能逃避懲罰，而沒能力的人則只能學會狡猾地鑽空子。

野蠻人在否定自己野蠻的時候與世上的一切都能和平共處，能和所有其他生物做朋友。如果因爲食物而產生了糾紛，那麼他幾乎不會在沒有對比征服對手和在別處找到其他食物之間的優劣的情況下大打出手，而且，如果沒有其他人的介入，打鬥在幾回合後就能分出勝負，勝利者得到食物，失敗者則到別處去找東西吃，一切又都回歸平靜。而對於處在社會狀態下的人而言，情況則大不相同，這些人的第一需求必須得到滿足，然後才是其他需求；然後才是各種美味佳餚、巨額財富、權力，最後才是努力。他享受的不只是某個時刻的放鬆，還有那些尚不熟悉、不那麼自然、驅動他欲望的東西，他的激情越是剛愎自用，就會導致一個更加糟糕的情況，他在滿足自己激情上花費的力量就越多。所以在經歷了長期的成功之後，在掠奪了大多數人的財富使之破產之後，這位英雄因爲將其他人一個一個地割喉，最後在成爲世界上唯一霸主之後，只得割斷自己的喉嚨而死。將人類的一生進行微縮之後，或者至少將文明人心裡的祕密要求進行微縮之後來觀察，得到的就是這幅畫面。

我們要公正地對比文明人和野蠻人的心態，盡力描繪出，在接受了惡習、欲望和霉運之後，文明人又有多少空間能留給痛苦和死亡呢？我們應該反省，反省那些讓我們筋疲力竭的暴力激情、讓窮人所承受的過度勞動、讓有錢人主動沉浸於其中的懶惰等那些以我們爲食的精神情感，窮人因爲想要更多而死，富人因爲擁有太多而死；反省我們對不同的食物混合，所使用的有害的食物調味品；反省它們在被人們頻繁採食時候的損壞狀態；反省摻假的藥物，那些出售假藥的人的欺騙、那些管理者的失誤、假藥在被配製的時候所使用的那些劇毒容器；反省由很多人聚集到一起產生的汙濁空氣所孵化出來的傳染病，或是那些因爲我們講究的生活方式、因爲我們走出家門接觸外界又從外界回到家裡、因爲漫不經心穿上或脫掉衣服以及所有那些不小心變成不可避免的習慣的感覺性的行爲而產生的傳染病，這些行爲的負面結果，有些時候會讓我們付出生命或者健康的代價；反省吞噬並毀滅一個個城市、殺死成千上萬人的地震等災難；總而言之，如果將上述的所有危險以及那些一直威脅著我們生存的因素綜合在一起進行反省，你就會發現，自然讓我們因爲鄙視它的教育所付出的代價有多麼昂貴。

我不應重複我在別處所說過的關於戰爭災難的話；但是我希望那些擁有足夠知識的人，能夠有足夠的意願和勇氣將這些部隊軍需處和救護站的負責人所造成的惡果的細節告知於公衆。我們應該清楚他們這些滔天罪行，所有這一切都不應該被封鎖，這些東西能夠讓裝備最精良的部隊立馬陷入癱瘓，在這些人身上造成比敵人的武器更大的傷害。

而每年在海上因爲飢餓、敗血病、海盜、火災和觸礁而死的人的數量足以讓人再次受驚。對於那些地產的建立及其對於社會機構的後續效應，我們必須在其身上加諸暗殺、毒殺、公路搶劫甚至是做出這些犯罪行爲的壞蛋們所受的懲罰，儘管這有利於防止更大罪惡的發生，但爲了讓某個人不被殺而犧牲另外兩三條人命卻加劇了人類的損失。

人類用了怎樣可恥的方法來阻止小孩出生，欺騙自然；要麼是用殘忍和墮落欲望來糟蹋他最爲美麗的作品——這些欲望只存在於野蠻人或是禽獸身上，在文明國家只會出現在人類腐壞的想像之中；要麼就是將大量的嬰兒暴露在野外或是對其進行屠殺，這些孩子因爲自己家長的貧窮或是他們母親的殘忍而成爲受害者；要麼就是最後這種方法，通過對可悲的不幸者的生活進行「截肢」，將他們對於富足的希望變成徒勞的歌唱，或者更糟糕，變成其他人殘忍嫉妒心的犧牲品。最後一種方法中的「截肢」變成了對自然的雙重嘲弄，這種嘲弄來自那些引發痛苦的人以及那些視痛苦爲自己命運而逆來順受的人。但是用身爲父母的權力來公然地反抗人性，不是一種要嚴重千萬倍的危險嗎？因爲父輩愚蠢的約束，還剩多少天賦沒有受到壓制？還有多少人沒有遭受強迫？有多少身居豪宅之中的達官貴人還未來得及充分體驗人生就可悲地等到了死亡的降臨！有多少快樂但卻不平等的婚姻因爲不斷違背自然而被打破或是毀掉？又有多少貞潔的妻子因此被玷汙！有多少幸福美滿的夫妻因爲曾經的各種虐待而相互懲罰！有多少年輕而不幸的人成爲了他們父母貪婪惡習的犧牲品？或是每日在眼淚中度過，爲只能由他們內心的拒絕和黃金之間形成的牢不可破的關係而哭泣！幸運的是，有時勇氣和美德能將他們在非人的暴力將其拉入罪惡或是絕望之前就拯救了他們。原諒我，父親和母親，我對你們永不後悔：我的抱怨恨著你們的悲傷；但是，以自然的名義，它們可能才是那些敢於冒犯它最爲神聖權威的人的永恆的壞榜樣。

如果我只提到過那些因爲我們體系作梗而運氣不佳的聯盟的話，那難道我們不該認爲那些由愛和同情所掌控的東西是不會有任何缺點的嗎？要是我應該著手表現人性在其源頭，甚至是所有環節中最爲神聖的一環遭到攻擊，其中運氣是先於自然而被參考的，並且社會的混亂攪亂了所有的美德和惡習，控制力成了所有罪惡的預防措施以及拒絕將生命賦予同在地球上的生命的話，那人性的行爲又是怎樣的呢？但是，在不揭開隱藏了所有恐怖的面紗的情況下，讓我們滿足於指出其他人不得不補救的邪惡。

除此之外，還有不良工業的多重性，它要麼縮短人的壽命，要麼毀掉人的健康，這些不良工業包括礦井作業以及金屬和礦物的冶煉，尤其是鉛、銅、汞、鈷和砷的冶煉，讓瓦工、木匠、石匠和礦工每天都從事這種危險的行當。將所有一切都歸納到一起，我們就能發現，在各個社會的基礎和完美之中，造成我們物種減少的原因，很多哲學家都已注意到這個問題。

奢侈是那些對一己之便和他人的尊重非常固執的人所不能缺少的，早就開始了的邪惡社會很快就會完全形成，這樣的社會會在給窮人施捨麵包的僞裝下，讓所有的人都傾家蕩產，這樣遲早會讓這個國家變成無人區，這些人絕對不應該被這樣對待。奢侈是一劑藥方，它比需要治癒的疾病更爲致命，或者說它自身就是所有邪惡中最大的一個，對於國家而言，這種惡可大可小：爲了保有自己創造出來的所有僕人和流浪漢，它帶來了壓迫並且毀掉了民衆和勞動者，它就像一股股灼熱的風，毀掉了花草樹木，也吞噬了附著於上的昆蟲，剝奪了有用動物的生活資源，還把瘟疫和死亡帶到了它所吹到的所有地方。

社會以及因爲社會所產生的奢侈帶來了人文科學和機械藝術、商業、郵政以及所有那些能讓工業蓬勃發展、讓一個國家富強同時又能使之崩塌的多餘之物。造成這種毀滅的原因很明顯，很容易就能從農業的本質上看到，它一定是所有行業中利潤最不豐厚的，因爲，它的作品是需求最爲廣泛的東西，所以價格就必須跟人類中最爲貧窮的人的能力成比例。

從可能推斷出這個規則的同樣原則來看，行業從總體上來講，其價格跟其有用程度成反比。到頭來，最有用的東西變成了最沒價値的東西，從中我們可以學到如何就工業的眞正優勢以及其進程的實際效果進行思考。

這就是對所有慘劇的合理解釋，富裕終於將這個最著名的國家拖到了慘劇之中。以藝術和工業繁榮比例來看，被鄙視的農夫擔負著作爲支撐奢侈必需品的重稅，被處以在勞動和飢餓中度日的懲罰，因此他放棄他原有的土地，到城市裡去找尋他本應在對面的世界中尋求的麵包。我們的首都越是用引起別人的讚美來刺激那些粗俗的眼睛，我們就越是有理由爲被遺棄的鄉村景象感到惋惜，大片大片的土地就荒廢地躺在那裡，道路上擠滿了倒楣的民衆，他們都變成了乞丐或是攔路搶劫的土匪，他們悲慘命運的終點要麼是糞堆，要麼就是絞刑架。就這樣，國家在一方面越來越有錢，而在另一方面則變得虛弱和缺少人口；最強大的君主們在經歷巨大痛苦讓自己變得富有和缺乏活力之後，最終都倒下成爲窮國的獵物，這些窮國屈服於侵略那些富國的致命誘惑，然後又反過來變得富有而虛弱，然後又被其他國家滅掉。

請告訴我們是什麼製造了那一群群的野蠻人，那些人橫行在歐洲、亞洲和非洲的地盤上已經有好幾個世紀的時間了。是因爲他們法律的智慧、政治體系的傑出而導致的工業和藝術上的驚人增長？我們要讓充滿學識的人來告訴我們原因，而不是聽那些沒有常識或者科學知識、沒有教養、沒有克制、好鬥而且殘忍的人胡言亂語，不要因爲自己田裡和樹林裡產出的東西動不動就吵架要置對方於死地。讓他們告訴我們，那些壞蛋是如何得出這種反對像我們這樣在軍紀方面訓練有素、擁有優秀法律和機構的聰明之人的推論的，以及爲何在北方諸國的社會已經變得完美，且在社會職責方面引導其居民已經付出慘痛代價的情況下，讓我們發現，他們不再像以前那樣，在被推到其他國家帶來的威脅和恐懼之中時便會產生無數的主人翁（抑或英雄）。我害怕的是最終會有某人回答我說，所有這些好的東西，藝術、科學和法律都是人類智慧的發明，是一種有益的瘟疫，用來防止人類繁衍得太多，而讓這個世界應接不暇，它給了我們居所，屆時卻會變得太小而不適合生存。

那麼，我們該做什麼呢？一定要完全摒棄社會？一定要被澈底毀滅我們所擁有的一切，然後回到樹林裡和熊住在一起？這在我的敵人看來是一個結論，我要讓他們感受到因爲有了這些想法而產生的罪惡感。你從未聽過天堂之音，你認爲人生來就只是過自己的小日子然後安穩死去的；你可以在熙熙攘攘的城市中取消你的重要買賣，放棄不安的靈魂、墮落的心靈和無盡的欲望。假設這一切完全都依靠你自己、你古老原始的純潔：回到樹林裡、丟掉你的見識、重新擁抱同代人所擁有的罪惡，不要憂慮自己爲了放棄人類的罪惡而放棄人類的進步所做的對人類的侮辱。對於像我一樣的人，自己的激情毀掉了最初的簡單，不再依賴農作物和橡子來維持生計，或是在沒有法律和法官的環境下生活。那些受惠於祖先超自然智慧的人，那些在花費了大量時間之後，於道德起始之時賦予人類行動的這一設計之中，發現爲何戒律其本身在其他系統之中看來都是毫無關係和莫名其妙的人，簡而言之，我們已被說服，認爲神曾經讓所有的人在擁有幸福和擁有超級智慧上都有分，所有的這一切都會激勵人們從施行這些美德中獲得永恆的獎賞，因此這些美德得到了人們的追隨和了解。他們會尊重各個社區之間的神聖聯繫；他們會熱愛自己的同胞，盡自己的所有能力來服務彼此；他們會嚴格遵守法律以及尊重那些制定和實施法律的人；他們尤其會尊重有智慧和美德的王子，因爲他們找到了避免、治癒所有的邪惡和惡習的方法，利用的就是一直威脅著我們的東西；他們會賦予自己贏得的統治者們的熱情生命，不帶挑逗和恐懼地向他們展示他們所從事的工作的重要性以及他們責任的嚴肅性。但是他們不會因此而鄙視如果沒有衆多傑出人物的幫助就無法施行的憲法，這是可遇不可求的，這些人雖然歷經了痛苦和寵溺，但是他們總是造成更多的眞正災難而非表面上的優勢。

IV

盧梭年表

年代	生平紀事
一七一二年	•六月二十八日：讓-雅克·盧梭誕生於瑞士日內瓦一個法裔新教家庭。父親是鐘錶匠依薩克·盧梭，母親是蘇珊·貝爾納。出生後不久，母親死於產後失調，盧梭轉由姑母撫育。
一七二二年	•十月：父親與人發生糾紛，訴訟失敗後出走里昂。盧梭寄居在舅父貝爾納家，後被舅父送至日內瓦附近布瓦錫的朗拜爾西埃牧師家學習古典語文及繪圖、數學。
一七二四年	•回到舅父家，後被舅父送到公證人馬斯隆處打雜。
一七二五年	•四月：進到一家雕刻匠鋪子裡做學徒。
一七二八年	•春季：不堪雕刻匠師傅虐待而出逃，經神父介紹投奔安訥西的德·華倫夫人，由其資助去義大利都靈，進「自願領洗者教養院」，改奉天主教。 •秋季：離開教養院，先後在韋塞利夫人、古豐伯爵家做僕役。
一七二九年	•回到安訥西，寄居在華倫夫人家。
一七三〇年	•進入神學院學習，後隨他人去了里昂，返回時華倫夫人已離開安訥西去了巴黎。盧梭隨即也離開了安訥西。
一七三一年	•在日內瓦、洛桑、納沙泰爾、伏沃、伯恩、里昂等地流浪。

一七三二年	•在尚貝里找到華倫夫人，開始做土地測量工作。這期間自學數學，與樂師、音樂愛好者交往，研討音樂。
一七三三年	•繼續寄居在華倫夫人家，開始涉獵學術著作工作。
一七三四年	•成為華倫夫人的管家，開始學習植物學。
一七三六年	•陪同華倫夫人前往尚貝里附近的沙爾麥特養病，研究洛克、萊布尼茲、笛卡兒等人的著作。同時開始學習音樂和解剖學知識。
一七四〇年	•四月：結識政治思想家、空想社會主義者馬布利和哲學家孔狄亞克。
一七四二年	•八月：攜帶自己創作的《新記譜法》到了巴黎，被推薦到法蘭西學院宣讀，但沒有得到音樂界的廣泛承認。後結識啓蒙思想家狄德羅，並透過狄德羅認識了其他一些啓蒙思想家。
一七四三年	•靠教授音樂、抄寫樂譜維持生活。 •春季：完成歌劇《風雅的繆斯》，引起巴黎音樂界注意。《新記譜法》以《論現代音樂》為名出版。 •六月：隨法國駐威尼斯大使赴義大利，任祕書。
一七四四年	•八月：與大使發生矛盾，辭職返回巴黎，仍以抄寫樂譜為生。與戴萊絲·瓦瑟同居。

一七四五年	•結識啓蒙思想家伏爾泰。
一七四七年	•完成喜劇《冒失的婚約》。
一七四八年	•透過狄德羅結識啓蒙思想家霍爾巴赫，並經常性地參加其組織的沙龍活動。
一七四九年	•開始為狄德羅、達朗貝爾主編的《百科全書》撰寫音樂學科的條目。 •十月：去巴黎郊外的萬森堡監獄探望因發表《論盲人書簡》而被捕的狄德羅，偶見第戎學院徵文公告，決定撰文應徵。
一七五○年	•七月九日：應徵論文《論科學與藝術》獲獎，年底出版於日內瓦，引起廣泛重視。結識德國文學評論家格里姆。
一七五一年	•反駁對《論科學與藝術》的攻擊，寫成《答波蘭國王對論科學與藝術的責難》。
一七五二年	•十月：歌劇《鄉村卜師》在丹楓白露成功上演。回避路易十五的召見，並拒絕接受其年金賞賜。參加音樂界的論戰，寫成《論法國音樂的信》。

一七五三年	•《論語言的起源》完成。 •冬季：第戎學院再度徵文，題目為：「人類不平等的起源是什麼？人類的不平等是否為自然法則所認可？」開始撰寫應徵論文：《論人類不平等的起源和基礎》。
一七五四年	•八月：回日內瓦。寫成《論人類不平等的起源和基礎》並將其獻給日內瓦共和國，恢復新教信仰和日內瓦公民權。
一七五五年	•四月：《論人類不平等的起源和基礎》在阿姆斯特丹出版。 •十一月：《論政治經濟學》發表於《百科全書》第五卷。 •以《論人類不平等的起源和基礎》奉贈伏爾泰，伏爾泰稱其為「反人類的新書」。
一七五六年	•四月：移居蒙莫朗西森林的「隱廬」，開始寫《新愛洛伊絲》。
一七五七年	•因《私生子》而與狄德羅發生爭執，與其他「百科全書派」成員的分歧也開始加深。開始寫《愛彌兒——論教育》以及《感性倫理學或智者的唯物主義》等。
一七五八年	•遷居到蒙莫朗西邊的蒙特路易。 •三月：發表《論戲劇：致達朗貝爾信》，批判其對於日內瓦戲劇文化生活的意見，提出自己的有關公民娛樂的設想。與伏爾泰、狄德羅等啓蒙思想家最終決裂。

一七五九年	・開始寫《社會契約論》。
一七六一年	・《新愛洛伊絲》出版，受到熱烈歡迎。
一七六二年	・四月：《社會契約論》在阿姆斯特丹出版。 ・六月：《愛彌兒》在阿姆斯特丹和巴黎出版。巴黎大主教博蒙出面干涉《愛彌兒》的發行，禁止民眾閱讀此書。 ・十一月：巴黎高等法院發出有關《愛彌兒》的禁令。盧梭倉皇逃出巴黎，準備前往日內瓦，但日內瓦已在焚燒《愛彌兒》和《社會契約論》。在瑞士伯恩遭驅逐，流亡至普魯士國王治下的納沙泰爾邦的莫蒂埃村。
一七六三年	・三月：發表上一年十一月完成的《日內瓦公民盧梭致巴黎大主教博蒙書》。 ・四月：取得納沙泰爾邦的公民權，放棄瑞士日內瓦公民權。
一七六四年	・發表《山中書簡》，應科西嘉解放運動領袖邀請撰寫《科西嘉憲法草案》，完成《音樂辭典》。
一七六五年	・九月：拒絕普魯士國王腓德烈二世的年金賞賜。此時，納沙泰爾掀起了針對他的迫害活動，逃往聖·皮埃爾島。不久後又被該島驅逐。

一七六六年	•一月：隨英國哲學家大衛·休謨到英國避難。開始編撰《植物學術語辭典》。 •三月：遷往英國烏頓，開始寫作《懺悔錄》。
一七六七年	•五月：潛回法國，隱居特利等地，繼續寫作《懺悔錄》。
一七六八年	•八月：與戴萊絲·瓦瑟正式結婚。 •避居各地，以抄寫樂譜為生。
一七六九年	•十一月：完成《懺悔錄》第二卷。
一七七〇年	•六月：獲赦回到巴黎，居住在普拉特里埃街，以抄寫樂譜為生。 •年底《懺悔錄》最後六章完成，手抄本開始流傳。
一七七一年	•四月：應波蘭的威爾豪斯基伯爵的邀請，開始撰寫《對波蘭政府及其一七七二年四月改革計畫的考察》。
一七七四年	•開始與青年生物學家拉馬克往來。
一七七五年	•完成《對話錄：盧梭評判讓-雅克》。 •十月：歌劇《皮格馬里昂》在法蘭西歌劇院成功上演。
一七七六年	•著手寫《一個孤獨的散步者的遐想》。
一七七七年	•健康惡化，生計艱難。

一七七八年	•五月：移居埃美農維爾莊園。不久，未來的法國大革命領袖羅伯斯庇爾慕名來訪。 •七月二日：因病逝世，享年六十三歲。葬於埃美農維爾附近的楊樹島，墓誌銘為：「這裡安息著一個自然和真理之人。」 •讓-雅克·盧梭的棺槨最終被移入法國先賢祠。法國人為盧梭設計了一具精美的棺木，棺木被設計成一座建築的模樣，從正面看，棺木上雕有一扇微微開啟的門，門縫裡伸出來一隻手，手中擎著一支熊熊燃燒的火炬，這象徵著盧梭的思想照亮了全法蘭西甚至全世界。 •盧梭死後十一年（一七八九年）法國大革命爆發。

V

譯名對照表

書名

《諷刺文集III》 Satire III

《醫學集書》 *De medicine*

五劃

布拉馬基 Burlamaqui

六劃

自然人 natural man

七劃

狄馬德斯 Demades

狄奧根尼 Diogenes

八劃

亞里斯多德 Aristotles

波西藹斯 Persius

雨果・格老秀斯 Hugo Grotius

十劃

格老秀斯 Grotius

格勞科斯 Glaucus

十二劃

普林尼 Plinys

普魯塔克 Plutarch

十三劃

塔西佗 Tacitus

十四劃

蒙田 Montaigne

十五劃

德爾菲神廟 Temple of Delphi

十七劃

戴奧真尼斯　Diogenes

經典名著文庫090

論人類不平等的起源和基礎

Discours sur l'origine et les fondements de l'inégalité parmi les hommes

作　　者 —— 讓 - 雅克・盧梭（Jean-Jacques Rousseau）
譯　　者 —— 張露
發 行 人 —— 楊榮川
總 經 理 —— 楊士清
總 編 輯 —— 楊秀麗
文庫策劃 —— 楊榮川
副總編輯 —— 劉靜芬
責任編輯 —— 林佳瑩、黃麗玟
封面設計 —— 姚孝慈
著者繪像 —— 莊河源
出 版 者 —— 五南圖書出版股份有限公司
地　　址 —— 台北市大安區 106 和平東路二段 339 號 4 樓
電　　話 —— 02-27055066（代表號）
傳　　眞 —— 02-27066100
劃撥帳號 —— 01068953
戶　　名 —— 五南圖書出版股份有限公司
網　　址 —— https://www.wunan.com.tw
電子郵件 —— wunan@wunan.com.tw
法律顧問 —— 林勝安律師
出版日期 —— 2019 年 12 月初版一刷
2024 年 2 月初版三刷
定　　價 —— 220 元

國家圖書館出版品預行編目資料

論人類不平等的起源和基礎 / 讓 - 雅克・盧梭 (Jean-Jacques Rousseau) 著；張露譯 . -- 初版 -- 臺北市：五南圖書出版股份有限公司，2019.12
面；公分 . -- (經典名著文庫；90)
譯自：Discours sur l'origine et les fondements de l'inégalité parmi les hommes
ISBN 978-957-763-737-6(平裝)

1. 盧梭 (Rousseau, Jean-Jacques, 1712-1778)
2. 學術思想　3. 西洋哲學

146.42　　108017630